AF199720

Zur Autorin:

Ballast abwerfen.
Zu neuen Ufern aufbrechen.
Zeit haben.
Reisen.

Die Autorin und ihr Ehemann wagten es und tauschten ihren festen Wohnsitz gegen ein Nomadenleben. Sechs Jahre lang waren sie mit ihrem Reisemobil in Europa und Marokko unterwegs. Die Straße war ihr Zuhause. Heute leben sie in Idstein im Taunus, sind aber immer noch die meiste Zeit unterwegs.

Man merkt es den stimmungsvollen Berichten an, dass Patricia Bastian-Geib das Reisen liebt und sich Neugier und Offenheit bewahrt hat. Schon immer wollte sie wissen, wie es „woanders" ist. Ihre Reiseeindrücke verarbeitet die Autorin in Erzählungen und in Multivisionsschauen, die sie gemeinsam mit ihrem Ehemann gestaltet und präsentiert.

Mehr erfahren Sie unter www.zweiaufachse.de

Dort gibt es auch weitere Leseproben.

Patricia Bastian-Geib

Mille grazie Sicilia

Sizilien al dente

Impressum

Patricia Bastian-Geib
Mille grazie Sicilia

pit.pat@t-online.de

Herstellung und Verlag:
BoD – Books on Demand, Norderstedt 2017
ISBN: 9783744894050

Prolog

Wir haben unseren Traum wahr gemacht und unseren Alltag in Deutschland mit Haus und Garten samt beruflichem Stress gegen ein Nomadenleben getauscht. Bereut haben wir es nie. Seit sechs Jahren tingeln wir regelmäßig im Sommer durch den Norden und Osten Europas und verbringen den Winter in südlichen Regionen. Dabei haben wir festgestellt, dass wir nach Monaten des Reisens regelmäßig eine geistige Fastenzeit benötigen. Voller Eindrücke und neuer Erfahrungen freuen wir uns auf diese Ruhephasen, um nachzudenken und zu reflektieren. Für die Bilder im Kopf gilt nämlich das gleiche wie für die Fotos auf der Festplatte: Sie müssen sortiert und nachbearbeitet werden. Erst danach sind wir wieder offen für Neues. Daneben gibt es natürlich auch noch handfeste Gründe für eine Reisepause und einen längeren Aufenthalt an einem Ort: Reisemobilwartung, Recherche, Planung der nächsten Reise und die Arbeit an einer neuen Multivisionsschau.

Früher leisteten wir uns in der Monotonie des Alltags von Zeit zu Zeit den Luxus auszubrechen und neue Eindrücke in fernen Ländern zu suchen. Heute ist das täglich Neue unser Alltag, und wir gönnen uns im Winter den Luxus der Monotonie. Unser bevorzugtes Ziel für dieses eher „stationäre" Reisen

ist Sizilien. Die Insel eignet sich sehr gut zum Überwintern, wenn man sich von nassen und kälteren
Witterungsperioden nicht abschrecken lässt. Denn
immer mal wieder gibt es Tage, die an die regneri-
schen und trüben Winter in Deutschland erinnern.
Der traumhafte, einsame Stellplatz in herrlicher Natur, die freundlichen Menschen, die – meistens –
funktionierende Infrastruktur und das milde Klima
geben uns die Muße, die wir brauchen. Ohne
„Sight-seeing-Zwang" und völlig entspannt. Monate
verbringen wir dort und langweilen uns keinen einzigen Tag. Wir haben Zeit! Zeit zur Beobachtung.
Zeit, um Dinge reifen zu lassen, abzuwarten. Zeit,
um veränderte Lichtverhältnisse, den Gezeiten-
wechsel, das ständige Vergehen und Werden in
der Natur wahrzunehmen. Natürlich liegt das Fern-
weh immer auf der Lauer. Wenn es ruft, schenken
wir ihm Gehör und ziehen weiter.

In diesem Buch sind die Erfahrungen aus mehreren Jahren des Überwinterns auf Sizilien zusam-
mengefasst. Die Erlebnisse der Zeiten „dazwischen" sind im Buch „Wie Gott in Polen" festgehal-
ten oder schwirren noch als Idee in meinem Kopf.

Der ganz normale tägliche Wahnsinn

Unsere erste große Reise nach unserem Ausstieg liegt hinter uns. Sie war die Feuertaufe. Begeistert kehren wir aus Polen zurück. Keinen Augenblick haben wir uns nach unserem alten Leben gesehnt. Obwohl nicht immer alles glatt lief, sind wir uns einig: Uns gefällt das Nomadenleben, und wir machen weiter. Immer noch die idyllischen Seenlandschaften und die unaufgeregte Freundlichkeit der Polen in unseren Herzen, landen wir unsanft auf dem Boden deutscher Tatsachen. Staus, Schilderwald, riesige Einkaufszentren, Besserwisser, wiehernde Amtsschimmel, unfreundliche Verkäuferinnen und jede Menge Verbote. „Wir wollen nicht ungerecht sein, die Straßen sind hier eindeutig besser", bemerke ich. Leise surren unsere Reifen über den ebenmäßigen Asphalt und Peter kämpft mit dem Schlaf. „Die polnischen Schlaglöcher haben mich wenigstens wachgehalten", frotzelt er.

Die nächsten beiden Monate, Oktober und November, verbringen wir in Deutschland. Erledigungsmarathon! Zurück in Deutschland bedeutet auch zurück im Alltag: Probleme des Mieters mit der Heizungsanlage, Telefonate, Korrespondenz, Arzttermine, TÜV, Wohnmobil-Check, waschen, putzen, reparieren, einkaufen. Der ganz normale tägliche Wahnsinn eben. Dazu kommt der Stress, geeignete Stellplätze zu finden. Die Campingplätze in erreichbarer Nähe sind zu klein, und so übernachten wir zweckmäßig auf Parkplätzen von Restaurants, Schulen, Schwimmbädern oder Stadthallen. Obwohl wir darauf achten, niemanden zu beeinträchtigen, scheint allein die Größe unseres Fahrzeugs auf manche Zeitgenossen provokant zu wirken. Hin und wieder gibt es daher Ärger, und wir fühlen uns wie Ausgestoßene.

Mit Leidenschaft stürzen wir uns ins kulturelle Leben, glauben, alles nachholen zu müssen, was die letzten Monate vielleicht etwas zu kurz gekommen ist: Kabarett im Mainzer Unterhaus, Kino, Theater, Fototage in Eppstein. Im Laufe der späteren Jahre werden wir auch in diesem Punkt mehr Gelassenheit lernen. Gut tut das Wiedersehen mit der Familie und Freunden. Lachen, mitfühlen, reden, nur manchmal auf einer anderen Frequenz. Durch die Komprimierung der Kontakte auf wenige Wochen sind sie einerseits sehr intensiv, andererseits bringen sie uns auch an unsere emotionalen Grenzen.

Es wird immer herbstlicher. Kalt und trübe ist es jetzt, und ich bekomme den Herbstblues. Also höchste Zeit, Richtung Süden zu fahren! Neben Aufbruchstimmung und Freude schwingt auch Wehmut mit. Schon wieder ein Abschied. Alles kann man eben nicht haben!

Nostalgischer Abstecher

„Fuhren hier schon früher so viele LKW?", frage ich Peter. „In Brunneck und Sankt Georgen ging es doch so beschaulich zu. Oder trügt mich da mein Gedächtnis?" Trotz unserer momentan etwas labilen psychischen Verfassung muten wir uns einen nostalgischen Zwischenstopp in Südtirol zu. Zu „Drachenflugzeiten" kamen wir unzählige Male hierher. Meist stiegen wir in der einfachen Privatpension von Irma und Kassian ab. Von hier waren mehrere Fluggebiete gut zu erreichen. In der Umgebung trafen wir immer Gleichgesinnte, mit denen wir abends in der Pizzeria fachsimpeln konnten. Wir waren jung, betrieben einen faszinierenden Sport und trafen außergewöhnliche Menschen. Dass bei einer Rückkehr nach fünfzehn Jahren Vergänglichkeit spürbar und Traurigkeit aufkommen würde, war uns eigentlich klar. Aber vielleicht braucht man das manchmal: sich ein wenig quälen, um sich innerlich zu reinigen.

„Hier gab es doch die leckere Pizza!" Die Kirche, das Café, den Landeplatz und die Burg erkennen wir wieder. Alles andere ist uns fremd, und wir haben Schwierigkeiten, uns zu orientieren. Das Gewerbegebiet in Brunneck ist zu einem Industriezentrum gewachsen. Sogar vom mehrere Kilometer entfernten Garten der Frühstückspension sind die Riesengebäude noch zu sehen. Früher blickte man von hier über Wiesen und Berge. Und erst die Pension selbst! Das Wohnhaus im Südtiroler Stil wurde zum zweistöckigen Mehrfamiliengebäude mit begrüntem Flachdach in geschmackvollem Hellgelb und italienischem Design ausgebaut. Glücklicherweise scheinen wenigstens Kassian und Irma unverändert: Er, wie immer munter und gastfreundlich, sie, interessiert und sehr gepflegt. Irma wird man wohl nie im fleckigen T-Shirt und ungekämmt erwischen. Trotz der herzlichen Begrüßung gestehen wir uns beim Resümee am Abend ein: Besser ist es, neue Dinge zu entdecken. Und schnell sind wir uns einig: Nächstes Ziel ist der Gardasee, da waren wir nämlich noch nicht.

Aber zuerst bestehe ich noch auf meinem Wintererlebnis. Im idyllischen Reintal wollen wir Spaziergänge im Schnee machen. Wenig später befinden wir uns inmitten eines Wintermärchens. An Dächern, Balkonen und Zäunen hängen Schneegirlanden, der Schwerkraft trotzend. Das Weiß verändert Konturen, verdeckt oder akzentuiert sie. Jeder Pfahl trägt eine Husarenmütze, und in den Astgabeln liegen kleine Schneekugeln wie Wattebäusche. Auf den Wanderwegen sind wir ganz allein. Stille. Nur das Knirschen des feinen Pulverschnees unter unseren Stiefeln ist zu hören. Langlauf wäre mir ja lieber gewesen, aber aus Platzgründen haben wir die Ski nicht mitgenommen. „Die kann man doch überall leihen!" Ein Trugschluss, nicht in der Vorsaison! Alle Verleihstuben sind noch geschlossen. Die meisten Restaurants und Jausenstationen ebenso. „Und ich hatte mich so auf eine Loipenmilch nach einer ausgedehnten Wanderung gefreut", lamentiere ich. Also wird die zünftige Brotzeit mit Tiroler Speck und Käse sowie der heißen Milch mit Eierlikör ins Wohnmobil verlegt. Ich wäre gern noch ein paar Tage in dieser Idylle geblieben, aber die Angst, wir könnten einschneien, lässt uns weiterfahren in Richtung Süden.

Immer Richtung Süden

Von der Tuschezeichnung ins Aquarell. Am Gardasee ist alles noch grün! Olivenbäume, Lorbeer, Oleander, Pinien, Zypressen, Palmen. Wir finden einen Übernachtungsplatz in einem vom Tourismus weitgehend verschont gebliebenen Dorf direkt am See. Weiße Schaumkrönchen, Brandung. Auf der gegenüberliegenden Seite flackern die Lichter von Malcesine. In der Ortschaft winterliche Ruhe. Geschlossene Restaurants, der Lebensmittelladen nur nachmittags geöffnet. Verwitterte Hausfassaden. So sehen in Deutschland in Wischtechnik gestaltete italienische Restaurants aus. Abenteuerlich die Fahrt mit unserem Riesen auf der engen Bergstraße. Überhängende Felsen, enge Kurven und unzählige Tunnel. Manche sind nach oben eng gewölbt mit regelmäßigen Durchbrüchen zum See hin. Lichtkegel fallen ins Innere und lassen die Salpeterausblühungen auf den schwarzen Wänden leuchten.

Am Lago Trasimeno bei Castiglione sind es nur zwei Grad über Null. Augen für die traumhafte Landschaft und die pittoreske Altstadt haben wir zunächst nicht, denn unsere Gasanlage streikt. „Ein ernstes Problem", meint Peter und schaut mich bekümmert an. „Wir können nicht heizen und nicht kochen, und wenn in der Nacht das Thermometer unter den Gefrierpunkt fällt, platzen unsere Leitungen." Er zieht den Blaumann über Jeans und dicken Sweater. „Ich muss sie wieder flott kriegen", seufzt er. Die Anspannung ist ihm anzusehen. Draußen fegt ein kalter Nordwind über den Parkplatz, als Peter sich an die Arbeit macht. Bei engsten Verhältnissen im vorderen linken Radkasten – dahinter sitzt der Gastank – arbeitet er drei Stunden, bis die Anlage wieder läuft. Am Abend schlendern wir in die zu dieser Jahreszeit recht ausgestorbene Stadt und gönnen uns einen guten Roten und eine Pizza. Zum Aufwärmen muss es eine feurige „Diavolo" sein. Jetzt können wir auch wieder scherzen. Weil Peter so beweglich wie eine Schlange an den Reifen vorbei geglitten ist, nenne ich ihn Snakey. „Anakonda, die gerade ein ausgewachsenes Wasserschwein verschluckt hat, passt wohl eher!", meint er und reibt sich dabei behaglich seinen vollen Bauch.

Am nächsten Tag stürmt es so stark, dass Peter Mühe hat, unser Fahrzeug in der Spur zu halten. Nur langsam kommen wir voran. „Es ist schon später Nachmittag und wir haben noch keinen Übernachtungsplatz", gebe ich zu bedenken. Peter antwortet nicht. Es regnet Bindfäden und die Sicht ist sehr schlecht. Schnell holt uns die Dunkelheit ein. Hügel rauf und runter, durch enge Dörfer. Schließlich landen wir in einer Sackgasse. Ausgeschildert war die nicht. „Wendemöglichkeit gibt es keine, also alles rückwärts", stöhnt Peter. Hungrig und schlecht gelaunt beschließen wir, wieder auf die Autobahn zu fahren und an einem Rastplatz zu übernachten. Davor wird in jedem Stellplatzführer gewarnt! Doch wir haben keine Wahl, so übermüdet wie wir jetzt schon sind. Auf dem nur schwach beleuchteten Platz sehen wir drei PKW, um die einige Männer stehen. Ein schon etwas älterer Mann löst sich aus der Gruppe und kommt in unserem Scheinwerferlicht auf uns zu. Aus seinem Hosenlatz hängt sein Glied. „Ach du lieber Himmel, was ist denn hier los?" Schnell springe ich auf und verriegle unsere Tür. Der Neugierige ist unterdessen zu seinen Kumpels zurückgekehrt. Zwischen ihren Fahrzeugen sind sie in der Dunkelheit kaum noch zu erkennen. Die Szenerie immer im Blick, fahren wir weiter. Beim Vorüberrollen sehen wir, dass einer der Männer gerade einen anderen oral befriedigt. „Das ist hier wohl der Schwulenstrich", konstatiert Peter. Eine knappe halbe Stunde später finden wir doch noch einen ruhigen Parkplatz an einem Supermarkt. „Ich mach uns mal einen Gin-Tonic. Ich glaube, den brauchen wir heute", meint Peter und grinst.

Glücklicherweise wird es mit jedem Kilometer gen Süden wärmer, und in Neapel scheint die Sonne bei angenehmen 12 Grad. Füße, Hände und Herz tauen auf. Spontan beschließen wir, das gute Wetter zu nutzen und auf den Vesuv zu fahren. Vorbei an der Frühstückspension Patricia führen enge Serpentinen nach oben. Jedes entgegenkommende Fahrzeug ist eine Herausforderung. Aber Peter kurvt, als sei er ein Busfahrer der neapolitanischen Verkehrsbetriebe, einschließlich des obligatorischen Hupens vor jeder Serpentine. Beeindruckend die vielfältige Vegetation, die mit Flechten überzogenen Lavafelder und die fröhlich leuchtenden Orangenhaine. Wieder mal sind wir geschockt angesichts des Mülls entlang der Straße. Obwohl wir es von unseren Reisen in den Süden ja schon kennen, macht es uns auch diesmal traurig, wie lieblos man hier mit der Umwelt umgeht. Wir werden wohl wieder zwei Wochen Training benötigen, um den „Müllausblendblick" verinnerlicht zu haben. Oben angekommen, wandern wir zum riesigen Krater. Heiße stinkende Schwefelgase steigen auf. Grandioses Panorama auf die Bucht von Neapel und Salerno. Schnell noch ein paar handliche Lavasteine gesammelt, und dann geht es zurück ans Wohnmobil. Dort oben in Kraternähe, mit einem herrlichen Blick auf das hell erleuchtete nächtliche Neapel, verbringen wir die Nacht.

Hauch der Ewigkeit

Pompeji – jahrhundertelang unter sechs Meter Asche begraben. Konservierte Augenblicke des Lebens und des Todes. Der Ausbruch des Vesuvs im Jahre 79 n. Chr. kam für die Bewohner so überraschend, dass Flucht nicht möglich war. Stein- und Ascheregen prasselte auf die Stadt hernieder. Lavaströme näherten sich. Tödlicher Feuerhauch. Glutatem. Später wurden die durch Verwesung der Körper entstandenen Hohlräume mit Gips ausgegossen und verdeutlichen anschaulich, wie erschreckend schnell der Ascheregen über Pompeji niedergegangen ist. Hier liegt ein Mann am Boden, dort kauert ein anderer und hält die Hände schützend vors Gesicht. Aus den Löchern, die die Pflanzenwurzeln hinterlassen haben, konnte man sogar die Anlage der Beete rekonstruieren. Fast 2000 Jahre später! Diverse Tempel, die Therme, zwei Theater und ein Amphitheater. Die Basilika als Gerichtsort und Mittelpunkt des Wirtschaftslebens. Luxuriöse Villen mit kunstvollen Mosaikböden, erstaunlich gut erhaltenen Wandmalereien und bezaubernde Gärten. Sehr viele Tavernen, eine Bäckerei, breite Straßen mit „Zebrastreifen" aus mächtigen Steinblöcken. Ein seltsames Gefühl, so weit zurück in die Vergangenheit blicken zu können, über Fahrrillen auf dem Pflaster zu gehen, die Wagen vor zweitausend Jahren gefurcht haben. All das lässt vor unserem inneren Auge das Bild einer pulsierenden Stadt entstehen: Wagen, voll beladen mit Waren, werden vom Hafen durch die Stadttore gerollt. Händler bieten ihre Produkte feil, Frauen transportieren Amphoren auf ihren Köpfen. Aus den Tavernen dringen laute Stimmen und verlockende Gerüche. Wir wüssten gern mehr über das alltägliche Leben der Menschen damals. Aber das steht in keinem Reiseführer. Was und wo haben die Kinder gespielt? Was gab es zu essen? Wo wurden die Pferde untergebracht?

Ein Zeiterleben anderer Art, die Tropfsteinhöhle Grotta di Pertosa. Wir wandern durch einen Tempel der Ewigkeit, mit mächtigen Säulen und Toren. Tropfsteinhöhlen begeistern uns schon immer, und wir lassen uns kaum eine entgehen, wenn sie auf unserem Weg liegt. 100 Jahre braucht ein Stalagmit, um 1 cm zu wachsen. „Hauch der Ewigkeit", eine abgedroschene Formulierung, aber sie trifft unsere Empfindung sehr gut. Unser Führer heißt Giuseppe und hat vor zwanzig Jahren für kurze Zeit in Dillenburg an der Lahn gearbeitet. Mit einem Boot sind wir über den unterirdischen Fluss gefahren und spazieren anschließend durch die kilometerlange Höhle. Teile des Films „Phantom der Oper" wurden hier gedreht. Märchenwelt. Überall lauern uns Fabelwesen und Tiere auf. Krokodile, Elefanten und Hexen. Dazwischen immer wieder Madonnen. Mit dem immer gleichen Kommentar „E

Fantasia! Egale!" macht Giuseppe uns auf sie aufmerksam. Außerdem zeigt er uns schlafende Fledermäuse und große spinnenartige Insekten, die sich vom Kot der Fledermäuse ernähren. Diese Tiere sind keine „Fantasia", sondern erschreckend echt. Schließlich gibt er uns noch eine Kostprobe des phantastischen Echos der Höhle. In ihm muss ein Caruso oder Pavarotti schlummern. Oder ist es nur die gute Akustik der Grotte? Sein Lied lässt uns ergriffen erschauern. Noch lange hallt es von den Felswänden wider.

Wintereinbruch am Abend. Wir stehen auf einem Berg an einem Sportplatz. Heftige Sturmböen lassen uns die ganze Nacht nicht schlafen. Das Wohnmobil schaukelt und ächzt. Wird der hohe, marode Zaun aus Maschendraht, der das Gelände abgrenzt, standhalten oder uns um die Ohren fliegen? Am nächsten Morgen ist alles weiß verschneit, und das Thermometer zeigt minus drei Grad. „Wie sollen wir denn jetzt die steile, enge Bergstraße wieder hinunterkommen?", frage ich ängstlich. „Ich fahre ganz vorsichtig", beruhigt mich Peter liebevoll.

Der Reiseführer beschreibt das Kloster von Padula mit seinen Malereien, Intarsien, Stuck- und Mosaikarbeiten als sehr sehenswert. Außerdem soll es dort einen netten Stellplatz geben. „Das wäre doch ein interessanter Abstecher." Gedankenverloren kaue ich an dem Kugelschreiber, mit dem ich gerade um Padula einen Kreis gezogen habe. Es macht mir Spaß, Reiseführer zu lesen, Prospekte zu sichten, Landkarten zu studieren, Augen und Ohren offen zu halten. Höchster Lohn des oft stundenlangen Recherchierens ist Peters Lob: „Unglaublich, was du so alles entdeckst!" Den Stellplatz im Schlosspark zum Beispiel oder das kleine Restaurant mit den roten Tischdecken und der gastfreundlichen Besitzerin. Oder die einsame Straße entlang der Rapsfelder, deren Neongelb ein Licht in unserem Innern anknipst. Noch heute erinnern wir uns an den stillen, verschwiegenen See, in dem wir im Dunkeln badeten. All diese Orte warten darauf, uns glücklich zu machen. Einige strecken uns aber auch schadenfroh die Zunge heraus. Der Stellplatz bei Padula gehört eindeutig auf diese Liste der Flops. Als wir am Kloster ankommen, folgen wir zunächst dem Wohnmobilzeichen. „Ist ja mal richtig gut ausgeschildert." Ich hätte es nicht loben sollen, denn die gewundene und immer enger werdende Straße mündet nach etwa einem halben Kilometer in einen Feldweg. Weit und breit kein Camp in Sicht. Wenden ist auf der schmalen Straße unmöglich, also fahren wir den schlammigen und holprigen Feldweg weiter. Endlich ein Bauernhaus. Peter manövriert das Fahrzeug mit eingeklappten Spiegeln rückwärts in die Einfahrt, nur wenige Zentimeter an den Mauern vorbei. Wütend bellt der Hofhund und versucht, in die Reifen des Wohnmobils zu beißen. Nach mehrmaligem Vor- und Zurücksetzen ist es endlich geschafft. Nun steuern wir den großen Parkplatz am Kloster an und fragen den Wächter zunächst auf Englisch, ob wir hier über Nacht stehen bleiben dürfen. „Non capisco." Verständnislos zuckt er mit den Schultern. Nächster Versuch auf Deutsch. Bedauernd schüttelt er den Kopf. Wir gestikulieren und erinnern uns an ein paar italienische Vokabeln. „Ah, capisco." Es folgt ein Redeschwall, begleitet von energischem Kopfschütteln. „Verstehst du, was er meint?" „Nein, aber ich interpretiere es so, dass Übernachten verboten ist. Lass uns schauen, ob wir noch etwas anderes finden." Unser Reisemobil klettert die steile, kurvenreiche Straße zur Stadt hoch. Unruhig rutsche ich auf dem Sitz hin und her. Auf enge Altstadtgassen habe ich heute keine Lust mehr. „Da oben vor der Häuserzeile führt ein Weg links auf eine Wiese. Die schauen wir uns mal an. Muss eine schöne Aussicht von dort oben sein. Sicher ein toller Übernachtungsplatz." Bevor ich protestieren kann, ist Peter schon in den unbefestigten Weg eingebogen. Und tatsächlich präsentiert sich ein herrliches Panorama über das Tal im milchig gelben Abendlicht. Für unser Reisemobil ist die Wiese allerdings zu klein und vor allem zu weich. „Wenn wir hier länger stehen, sackt das Fahrzeug ein, und ich komme morgen nicht mehr raus." Peter legt den Rückwärtsgang ein. „Es wird schon dunkel. Jetzt fahren wir einfach zum Kloster, egal, was der

Wächter uns erzählt. Er wird ja nicht gleich die Polizei holen", schlage ich vor. Zu meiner Überraschung widerspricht Peter nicht und steuert den Parkplatz an. Die Schranke ist weit offen, das Pförtnerhäuschen abgeschlossen und der Wächter hat wahrscheinlich zu Hause schon die Füße hochgelegt.

Bella Tropea

„In Cosenza soll es einen großen Supermarkt geben, und der Parkplatz soll außerdem ideal zum
Übernachten sein." „Okay, dein Wunsch ist mir Befehl." Munter fährt Peter die Abfahrt runter. Für das
Weihnachtsmenü benötige ich noch ein paar Zutaten, und ich freue mich schon auf die italienischen
Spezialitäten. Als wir nach längerem Suchen dort
ankommen, herrscht reges Treiben. Familienausflug. Shopping als Event. Gereizt kämpfen wir uns
durch die Menschenmassen. Entspanntes Einkaufen fühlt sich anders an. Egal, wir machen unsere
Besorgungen und ziehen uns dann schnell ins Reisemobil zurück. Später, nach Geschäftsschluss um
21 Uhr, ein kurzes Chaos ausparkender Autos.
Fahrzeuge kreuz und quer. Innerhalb von Minuten
ist das Knäuel entwirrt, und wir sind allein.

Ein schnelles Frühstück am nächsten Morgen in
der Bar am Supermarkteingang. Espresso und ein
Cornetto, ein knuspriges, mit sahniger Creme gefülltes Hörnchen. Kalter Wind bläst durch die offene Tür. Auf den Bergen Kalabriens liegt Schnee.
Mit hochgezogenen Schultern stehe ich am Tresen. „Auf unserem Thermometer waren es vorhin
zwei Grad" „Ja, lass uns weiterfahren. Vielleicht ist
es in Tropea wärmer." Das Barockstädtchen gilt als
die Perle der Westküste. Laut Reiseführer soll uns

22

dort eine hübsche Altstadt mit malerischen Gässchen, Plätzen und Palästen erwarten. Wir wollen ein paar Tage bleiben, um Peters Geburtstag, der gleichzeitig unser Hochzeitstag ist, und Weihnachten zu feiern. Außerdem müssen wir unsere inneren Batterien aufladen. Momentan fühlen wir uns müde und angespannt. Lange schaue ich grübelnd in den Straßenatlas. Darauf schlängeln sich fast alle Straßen wie Darmwindungen hinunter zum Meer. „Auf der Karte sieht es so aus, als wäre die küstennahe Strecke, die mit den wenigsten Kurven und Ortsdurchfahrten. Also fahren wir am besten vor Pizzo von der Autobahn runter." „Jo! Ich mach´ doch alles, was die Reiseleitung sagt!" Peter zwinkert mir zu, als würden wir ein Geheimnis miteinander teilen, und ich muss lachen. Aber die Karte hat offensichtlich ein halbes Dutzend Städtchen unterschlagen, und so quälen wir uns wieder mal durch enge Gassen und niedrige Torbögen und zwischen abenteuerlich geparkten Autos hindurch.

Nachmittags sitzen wir dann bei zwanzig Grad und strahlend blauem Himmel in Tropea auf einer Terrasse in der Sonne. Übermütig essen wir in einem Straßencafé einen Tartufo, eine riesige, mit Kakao überzogene Eiskugel, die tatsächlich wie ein Trüffel aussieht. Hinterher ist es uns trotz Sonne von innen heraus kalt, und wir ziehen fröstelnd unsere Jacken an. Reges Treiben auf dem Platz. Hupende Autos und knatternde Roller. An allen vier Ecken stehen Männer in Grüppchen zusammen und diskutieren mit kräftigen, lauten Stimmen. Aus dem Café dringen Fernsehgeräusche. Streunende Hunde, mager und struppig, schauen mit eingezogenem Schwanz gierig zu uns herüber. Lauern auf das Mitleid der Touristen, auf ein Stück Brötchen oder Hörnchen. Einer von ihnen hat kleine Falten über den samtbraunen Augen, was ihm ein fragendes Aussehen gibt. „Hast du einen Happen für mich?" Ganz gefangengenommen von diesem Blick, habe ich gar nicht bemerkt, dass Peter schon gezahlt hat. „Wollen wir los?", fragt er mich jetzt. „Ja, klar. Unten am Hafen soll es laut Stellplatzführer einen schönen Parkplatz geben."

Wir folgen exakt der Beschreibung und stecken nach wenigen Minuten in einer engen Kehre fest. Vorsichtig rangiert Peter hin und her. Er ist hochkonzentriert, Schweiß läuft ihm die Schläfen hinunter. Weitere Fahrzeuge nähern sich von oben und von unten. Irgendwann sind es so viele, dass nichts mehr geht. Chaos. So scheint es zumindest. Aber Italiener bewahren in solchen Situationen Ruhe. Sie wissen, das Leben verläuft nicht immer gradlinig, und sind Meister im Improvisieren. Einer setzt zurück, der andere dreht in eine winzige Mauerlücke, ein Dritter fährt rückwärts wieder hoch. Nun ist dicht am Felsen genügend Platz für unser Fahrzeug, so dass die Autos passieren können. Freundliches Winken und Hupen. Innerhalb weniger Minuten hat sich das Knäuel aufgelöst, und wir können die Kurve mit viel Geduld und fahrerischem Können meistern. Ich leiste draußen Rangierhilfe. Vor und zurück, vor und zurück. Zentimeterweise kurbelt Peter das Wohnmobil um die Serpentine, und es bildet sich erneut eine Autoschlange. Schließlich haben wir es geschafft. Wieder hupen die Wartenden anerkennend oder lehnen sich mit Daumen hoch aus ihrem Fahrzeug. „Wie hätten deutsche Autofahrer wohl reagiert?", fragt Peter. „Das will ich mir gar nicht vorstellen", antworte ich.

Direkt unterhalb der Chiesa dell' Isola liegt verlockend der Parkplatz. Malerisch thront das Gotteshaus auf einem Felsen über dem Meer. Zu seinen Füßen heller Sandstrand, mit bunten Booten betupft. Gegenüber klebt die Stadt auf einer Sandsteinklippe. „Ach, wie schön!", seufze ich. „Übernachten für Camper verboten". Abweisend holt mich das Schild an der Einfahrt zum Parkplatz auf den Boden der Tatsachen zurück. „Das darf doch nicht wahr sein! Und was nun?" Wir steigen aus und schauen uns ratlos um. Dem Weinen nahe trete ich wütend gegen die Bordsteinkante. Nach der Hektik in Deutschland, den Pannen und dem kalten Wetter der vergangenen Wochen war Tropea mein Strohhalm. „Ich sehne mich so nach Sonne, Ruhe und nach einem hübschen Restaurant." Peter nimmt mich in die Arme. „Wir finden ein Plätzchen. Übermorgen feiern wir ganz gepflegt unseren

Hochzeitstag." Als wäre er vom Himmel gefallen, steht plötzlich ein älterer Mann neben uns und begrüßt uns freundlich lächelnd auf Deutsch. „Wo kommst du her? Ich fünfzehn Jahre Dortmund. Deutschland gut. Mein Sohn noch da." Wir zeigen auf das Verbotsschild und fragen nach einem Campingplatz in der Nähe. „Keine Problem. Bleiben. Schild für Sommer. Jetzt Winter, krähen keine Hahn."

So verbringen wir schließlich acht Tage in Tropea, ohne dass sich ein italienischer Ordnungshüter oder sonst jemand dafür interessiert hätte. Den freundlichen Herrn sehen wir fast täglich. Entweder im Café oder am Strand. Und wenn wir ihm mal nicht über den Weg gelaufen sind, spaziert er am Abend an unserem Reisemobil vorbei. Immer hat er ein paar freundliche Worte für uns oder winkt uns zu. Angelo haben wir ihn genannt, unseren rettenden Engel. Wie versprochen, überrascht mich Peter an unserem Hochzeitstag mit einem fürstlichen Essen. Nach all dem Ärger und der Anspannung der letzten Wochen genießen wir das stilvolle Ambiente des Restaurants und lassen es uns bei gegrillten Scampi, frischem Fisch und einer Flasche Weißwein gut gehen. Leider kommt in dem ungeheizten Raum keine gemütliche Atmosphäre auf, zumal wir die einzigen Gäste sind. Um diese Jahreszeit verirrt sich kaum ein Tourist in diese Gegend, und die Einheimischen gehen, wenn überhaupt, nur am Wochenende in ein Restaurant.

Da ist es drei Tage später bei uns im Reisemobil schon heimeliger. Mit roten Servietten und ein paar Pinienzweigen habe ich den Tisch weihnachtlich dekoriert. Unser erstes Weihnachtsfest fern von zu Hause. Schon immer standen wir dem ganzen Festtagsrummel kritisch gegenüber. Mit dem Tod meiner Mutter starb dann schließlich der letzte Rest an Weihnachtstradition. Ich habe keine Erklärung dafür, warum ich trotzdem Wert darauf lege, an Heiligabend festlich zu speisen. Ganz kann ich wohl doch nicht aus meiner Haut heraus. Peter teilt dieses Ritual gern mit mir, er isst ja gern. Ein Menü in der kleinen Camperküche zu kochen, ist eine logistische Herausforderung, der ich mich jetzt begeistert stelle, während Peter unsere Korrespondenz im Internet-Café und ein paar Einkäufe in der Stadt erledigt. Vor zwei Tagen erhielten wir eine Nachricht unserer Mieter, dass ein Abflussrohr verstopft gewesen sei. Der Notdienst hat das Malheur zwar schon behoben, aber eine eingewachsene Wurzel diagnostiziert. Nun müssen wir also die Sanierung des Rohrs aus der Ferne organisieren. Nicht ganz einfach, wenn die Telefon- und Internetverbindung ständig abbricht. Aber wir haben bereits ein seriöses Unternehmen gefunden und alles Nötige in die Wege geleitet. Akuter Handlungsbedarf besteht momentan nicht, so dass die Angelegenheit nach den Feiertagen in Angriff genommen werden soll. Am Abend staunt Peter nicht schlecht über unser Festessen. Als Vorspeise gibt es Lachscrepes mit Salat, danach Lendensteak mit Rotweinsauce sowie Zucchinikäseröllchen und Rosmarinkartoffeln. Für den Nachtisch habe ich sahniges Mousse au Chocolat mit Heidelbeersauce zubereitet. Zufrieden prosten wir uns zu. Unser Nomadenleben gefällt uns.

Wo immer sich die Gelegenheit ergibt, spazieren wir über Friedhöfe. Auch sie sind ein Mosaikstein im Bemühen, ein Land zu verstehen. In Italien werden die Toten nicht beerdigt, sondern über der Erde hinter Marmor oder Granit beigesetzt. Für jede Familie ein Totenhaus, die Särge übereinander an der Wand aufgereiht, die Außenwände mit Kunstblumen bunt geschmückt. Analog zu den Städten der Lebenden gibt es auch hier breite und enge Gassen, einfache und sehr repräsentative Gebäude. Bilden wir es uns nur ein oder riecht es im Mausoleum tatsächlich nach Verwesung? Kaum haben wir das Areal betreten, werden wir von einem alten Herrn angesprochen, der sich anbietet, uns die Anlage, vor allem die alten Familiengruften, zu zeigen. Sein Auftreten ist höflich und hilfsbereit, sein Äußeres sehr gepflegt. Unter dem dunklen Anzug trägt er ein weißes Hemd, seine Schuhe glänzen. „Warum nicht", sagt Peter und holt die Kamera aus dem Rucksack. Bald stellt sich jedoch heraus, dass der Alte nur wenig zu erzählen hat. Außerdem ist sein Englisch kaum zu verstehen. Aber er zeigt uns ungewöhnliche Grabstätten, die Peter begeistert mit der Kamera festhält. Der Mann führt uns in die entlegensten Teile des Friedhofs, durch enge Gassen und in dunkle Mausoleen. „Ich gehe da mal rein, da sind so schöne Skulpturen", sagt Peter und ist schon in dem Totenhaus verschwunden. Diese Gelegenheit nutzt der ältere Herr, um sich dicht neben mich zu stellen, meinen Arm zu streicheln und atemlos „bella, bella" zu stammeln. Jetzt tätschelt er sogar sanft meinen Po und gibt glucksende Laute von sich. Empört drehe ich mich zu ihm hin, in der Absicht ihn lautstark zurechtzuweisen. Aus gutmütigen Augen blinzelt er mich an. „Ein wenig verwirrt, aber harmlos", konstatiere ich in Gedanken und verzichte auf eine aggressive Reaktion. Stattdessen rufe ich Peter zu: „Ich würde jetzt lieber gehen!" Der schaut mich erstaunt an, als er kurz darauf aus der Gruft heraus kommt. Ich ziehe die Augenbrauen hoch. Glücklicherweise versteht mein Mann diesen Hinweis sofort, und so verlassen wir wenig später den Friedhof in Richtung Zentrum. Der Alte bleibt zurück und winkt uns treuherzig wie ein Kind hinterher.

Neue Leichtigkeit

In Taormina finden wir den Stellplatz wieder nicht. Schon auf unserer Urlaubsreise im Mai letzten Jahres suchten wir vergeblich danach. Ein junger Bursche hatte uns den Weg gewiesen, doch die Straße führte stetig nach oben. Heikle Ausweichmanöver, haarscharf an Hauswänden vorbei und unter Balkonen hindurch. Schließlich landeten wir in dem malerischen Städtchen Castelmola, das wie ein Adlerhorst am steilen Felsen hängt. „Auf die Wiederholung dieser Erfahrung kann ich verzichten. Lass uns doch auf den Campingplatz bei Calabatiano fahren." Angespannt starre ich geradeaus, von wo uns ein riesiger Bus entgegenkommt. „Warum bist du denn schon wieder so panisch? Entspann dich!" Ich hasse es, wenn Frauen sofort als panisch oder hysterisch abgestempelt werden, nur weil sie berechtigte Einwände oder Wünsche äußern. Und dieses überhebliche „Entspann Dich!" kann ich schon gar nicht leiden. Der Busfahrer, halb auf den Bürgersteig ausgewichen, winkt uns nun zu, wir könnten passieren. Nachdem wir an ihm vorbei sind, blicke ich zornig zu Peter hinüber: „Kannst du denn nicht einfach mal machen, um was ich dich bitte? Ich habe heute keine Lust auf enge Gassen und Stress!" „Und kannst du nicht mal aufhören, mir ständig vorzuschreiben, wie ich fahren soll?" Mir bleibt eine Entgegnung im Halse stecken, denn die Straße gabelt sich und wir müssen uns für eine Richtung entscheiden. Peter nimmt die linke Abzweigung, die in einigen Serpentinen wieder hinunter auf die Hauptstraße führt. Wortlos steuert er Calabatiano an. In eisiger Stimmung essen wir zu Abend und reden auch den Rest des Tages nicht mehr miteinander.

Die „Sendepause" hat uns gut getan. Innerlich ruhiger machen wir uns am nächsten Morgen auf den Weg nach Enna. Die Stadt liegt mitten auf der Insel auf fast tausend Meter Höhe. Von hier kann man laut Reiseführer fast ganz Sizilien überblicken. Schon die Griechen bezeichneten Enna als den Nabel der Insel. Wer diese Stadt besaß, der hatte auch die Kontrolle über das Landesinnere. Damit lag sie natürlich im Fokus diverser Eroberer. Hier soll auch der Ursprung der einst sozialrevolutionären Geheimgesellschaft sein, der Mafia, die übliche und spontane Assoziation mit Sizilien. Stets begleitet von der Frage an den Reisenden: „Habt ihr denn gar keine Angst vor der Mafia?" Der Tourist muss sich nicht vor der Cosa Nostra fürchten, schließlich bringt er das Geld auf die Insel. Doch für die Einheimischen gehört sie zum Alltag. Gewalt, Bauspekulation, Korruption und Vetternwirtschaft sind weit verbreitet. 1992 sagte der unerschrockene Untersuchungsrichter Giovanni Falcone der Mafia den Kampf an. Seine brutale Ermordung rüttelte die Bevölkerung auf. Endlich hatte sie den Mut, sich aufzulehnen und das berüchtigte Schweigen, die Omertà, zu brechen. Große Erfolge konnten nun verzeichnet werden, mit Festnahmen, Kronzeugen-Aussagen, Prozessen und Verurteilungen. Es wäre jedoch naiv, zu glauben, es gebe die Mafia heute nicht mehr. Wahrscheinlich hat sie lediglich ihre Arbeitsweise verändert. Neben dem Drogen- und Waffenhandel ist sie jetzt überwiegend im Energiesektor und in der EU-geförderten Bauwirtschaft aktiv.

Wieder mal schrauben wir uns also zahlreiche Serpentinen hoch. Je weiter wir nach oben kommen, um so enger werden die Gassen, was die Sizilianer aber nicht daran hindert, ihre Autos kreuz und quer zu parken. Da wird mal eben das Fahrzeug in der zweiten Reihe abgestellt, um in der Bar nebenan schnell einen Espresso zu trinken. Endlich oben angekommen, hat sich Enna in eine Regenwolke gehüllt. Es gießt wie aus Kübeln. Unser Thermometer zeigt drei Grad. Schaut man vom Kastell hinunter ins Tal, blickt man ins Nichts. Die Häuser scheinen im Nebel zu schweben. Wolkenkuckucksheime. „Wir sind doch schon fast in Afrika! Sizilien im Winter hatte ich mir wirklich etwas wärmer vorgestellt." Missmutig krame ich den Diascanner unter der Sitzbank hervor, die Schlechtwetter-Alternative. Zur Programmierung der geplanten Diashow „Polen" benötigen wir die Bilder in digitaler Form. Es sind also noch einige Vorarbeiten zu leisten, bis wir mit der kreativen Gestaltung beginnen können.

„Es hat aufgehört zu regnen. Lass uns mal kurz rausgehen und Luft schnappen", schlägt Peter gegen Abend vor. Wir schlendern durch die nassen Straßen, in denen das Leben, dem schlechten Wetter trotzend, pulsiert. An diversen Straßenecken stehen Männer zusammen. Sie tragen fast alle Schirmmützen und unterhalten sich heftig gestikulierend. Meine Neugier erwecken einige Frauen, die in einem kleinen Lebensmittelladen zwischen Fleischtheke und Kühlregal einen Kreis gebildet haben und lautstark aufeinander einreden. Köpfe werden in den Nacken geworfen, Hände durchschneiden die Luft. Durchdringend und hart sind ihre Stimmen. „Über was die sich wohl streiten? Schade, dass wir kein Italienisch sprechen", flüstere ich Peter zu. Im nächsten Moment löst sich die Gruppe auf. „Ciao, Bella!" Sie umarmen sich, lachen, winken sich zum Abschied fröhlich zu. Was wir als Streit interpretiert haben, war eine ganz normale Unterhaltung.

Langes und leidenschaftliches Palaver auch an der Wursttheke. Wie knapp dagegen die Kommunikation beim Einkauf in Deutschland: „Bitteschön?" „Hundert Gramm Bierschinken." „Sonst noch was?" „Danke, nein." „Einszwanzig." „Auf Wiedersehen." „Danke. Schönen Tag noch." Hier dagegen suchen die Menschen kommunikativ und freundlich bei jeder Gelegenheit das Gespräch. Auch mit uns und auch dann, wenn sie kein Deutsch oder Englisch sprechen. Wir treffen zum Beispiel einen Mann am Strand, der uns erzählt, dass er heute Fische grillen will. Der deutsche Michel in uns denkt: Na ja, das ist ja schön für ihn, aber warum drängt es ihn, uns dies mitzuteilen? Ein anderer stoppt sein Auto, um uns zu fragen, ob wir auch Touristen seien. Er mache hier über Silvester Urlaub und komme aus Rom. Dann braust er fröhlich winkend davon.

Die vielen Autos, die Fahrweise, der Lärm – an all das müssen wir uns erst gewöhnen. Unangenehm laut kommt uns alles vor: Gespräche, Mopeds, die Fernsehapparate in den Restaurants, das ständige Hupen, die Krankenwagensirene, das Bimmeln des Touristenbähnchens. Sogar das Trinken eines Espressos geschieht hier geräuschvoll und grob. Mit einer knappen, hektischen Bewegung wird die Tasse über den Tresen gezogen und anschließend das Zuckertütchen heftig geschüttelt. Nach dem energischen Umrühren landet der Löffel laut scheppernd auf der Untertasse. Ein genüssliches Schlürfen, und schon knallt die Tasse zurück auf das Tellerchen. Das Geld wird klirrend auf die Theke geworfen und mit einem lautstarken „Ciao!" die Tür zugeschlagen. Das Ganze hat keine zwei Minuten gedauert. Nach einer gewissen Zeit machen wir es genauso und müssen jedes Mal dabei lachen. Allerdings kommen wir nicht mit zwei Minuten aus, weil wir immer noch eines dieser köstlichen Cornetti con Crema vertilgen.

Ungehobelt kommt uns anfänglich also alles vor. Erst nach ein paar Wochen macht uns der Lärm weniger zu schaffen, und wir übersetzen ihn nicht mehr automatisch mit Rücksichtslosigkeit. Wir lernen die Freundlichkeit und den Pragmatismus der Italiener zu schätzen. Warum müssen Gespräche immer einen tiefgründigen Sinn und Inhalt haben? Schon allein das Aufeinanderzugehen ist Sinn genug. Warum an einer roten Ampel halten, wenn keiner kommt? Wachsam sein, schauen und fahren! Warum hinter dem Vorfahrtachten-Schild warten? Bei der Verkehrsdichte Palermos geradezu aussichtslos. Beobachten, langsam vorfahren, kurz hupen und schon hat man sich in den italienischen Verkehrsfluss eingefädelt. Na ja, wenn wir ehrlich sind, läuft das bei uns immer noch nicht ganz stressfrei ab. Auf die Wechselfälle des Lebens reagieren die Menschen hier gelassen und pragmatisch. So steht in Anbetracht der unbeheizten Räume sogar die Verkäuferin im Juweliergeschäft mit Daunenjacke und Fellstiefeln hinter dem Tresen. Wir wollen nicht marode Straßen und Bürgersteige, zerfallene Häuser und Tempel, Müllberge, Verkehrschaos und korrupte Politiker beschönigen, zumal sehr oft die Mafia Ursache der Misere ist. Mangelndes Verantwortungsbewusstsein, Angst,

Schweigen und Eigennutz verhindern Veränderungen zum Besseren. Trotzdem kommt uns Deutschland nun manchmal wie ein aufgeregter, gackernder Hühnerhaufen vor. Da fällt mir wieder ein, was Rodney, der englische Ehemann einer deutschen Kollegin, beobachtete: Kaum sitze ein Deutscher irgendwo, beklage er sich: „Hier zieht es!". Und Rodney meinte weiter, er habe diesen Satz noch nie von einem Engländer, Italiener oder Spanier gehört. Treffender kann man es meines Erachtens nicht ausdrücken.

Wir fahren weiter durch die sizilianische Landschaft, die geprägt ist von grünen oder mit Häusern überzogenen grauen Hügeln, schroffen Felsen, Äckern, Orangenplantagen und Weinbergen. Die akkuraten und gepflegten Felder bilden einen überraschenden Gegensatz zu dem Müll und Schutt, der überall achtlos in die Landschaft gekippt wird. Zum Schutz vor den gefräßigen Staren sind Netze über die Rebstöcke gezogen, die in ihrer regelmäßigen Anordnung ein interessantes grafisches Muster bilden. Tiefe, verästelte Furchen, verursacht durch die starken Regenfälle der vergangenen Tage, ziehen sich wie Adern durch die Felder. Zwischen den Orangenbäumen gelbbrauner Schlamm oder, wo das Wasser abfließen konnte, hellgrüner Bodenbewuchs, der einen reizvollen Kontrast zu dem dunkelgrünen Laub der Orangenbäume bildet. Etwa sieben Meter hoch, verhöhnt ein Gummibaum mit seiner dichten Krone die blatt-arme deutsche Zimmervariante. Die Häuser sind aus Natursteinen gebaut oder schlammfarben ver-putzt, manchmal hellgelb angelegt. Wo endet der Fels, wo beginnt das Gebäude? Neue Häuser, die auf oder neben Ruinen errichtet wurden. Altes und Neues fließt ineinander. Auf den Balkonen Wä-sche, Wäscheständer, Blumentöpfe, Fahrräder, manchmal ein Schrank. Ein roter Bademantel, eilig über das Geländer geworfen. Auf einem Hügel, mit Traumblick nach allen Seiten, steht ein kleines Haus, verlassen und vom Verfall bedroht. Unsere sesshafte Seite meldet sich: Wie schön könnte man Haus und Grundstück gestalten, welch ausge-lassenen Feste könnte man auf der Dachterrasse feiern. Viele Häuser sind von Hecken aus riesigen Kakteen umgeben. Erste Kaktusblüten leuchten in ihrem hellen Gelb. Die jungen, noch pickelig-sta-cheligen Gewächse wecken in mir die Erinnerung an die ungepflegten Bärte der Panzerknacker aus den Comic-Heften. Je älter die Pflanze, um so glat-ter deren Oberfläche. Im Kaktusgrün setzen zuerst helle, dann braune Flecken die ersten Zeichen des Verfalls. Später beginnt die Haut zu reißen, und der Kaktus stirbt ganz langsam ab, verholzt zu bizarrer Schönheit. Am Ende bleibt nur ein netzartiges Ge-webe.

„Ups", kein Platz mehr

Nur noch zwanzig Kilometer bis Torre Salsa. Den ganzen Tag schon kribbelt Vorfreude in mir, diesen herrlichen Fleck Erde wiederzusehen. Naturschutzgebiet des WWF und gleichzeitig Agriturismo. Neben ein paar Ferienwohnungen gibt es zwanzig Stellplätze für Reisemobile in der Nähe der ehemaligen Wirtschaftsgebäude. Außerdem kann man direkt unten am Strand campen. Während unserer Rundreise im letzten Jahr waren wir nur drei Tage dort, aber wir wussten, wir würden wiederkommen. Ich schließe die Augen und fahre in Gedanken die Schotterstraße hinunter zum Meer. Sehe die steilen, in der Sonne gleißenden Kreidefelsen vor mir und die ungewöhnlichen Gesteinsformationen, die an Blätterteig erinnern. Daneben bläuliche Tonschichten, wie in dickflüssigem Strom erstarrt. Rostigrote Felsplatten, die algenbewachsen hinaus in die See ragen. Überall funkelnde, aber gefährlich scharfe Gipskristalle. Macchia mit Wacholder, Wolfsmilch, Akazien und Eukalyptusbäumen. Üppiges Grün bis zu den Dünen, dahinter der kilometerlange Strand. Direkt dort unten, endlich, die kleebewachsene Wiese, auf der Campen erlaubt ist. Ein Paradies für naturverbundene Reisemobilisten. Auf halbem Weg hinunter zum Meer, gibt es noch eine geschotterte Terrasse am Hang. „Für Eremiten oder frisch Verliebte", meinte damals die Leiterin des Stellplatzes, denn dort steht man völlig einsam in der wundervollen Landschaft. „Hinter der nächsten Biegung müsste die Abfahrt kommen, wenn ich mich recht erinnere." „Ach, sind wir schon da?" „Entschuldigung! Hast du geschlafen?" „Nein, nur geträumt. Ich freue mich so! Lange Spaziergänge und Ruhe, mehr will ich die nächsten Wochen nicht. Was meinst du, sollen wir an den Strand fahren oder auf die Terrasse?" „Momentan ist starker Wind, da ist es unten am Meer sicher laut! Wenn die Terrasse frei ist, nehmen wir lieber die."

Als wir auf den Hof rollen, kommt uns eine junge Frau entgegen. Freundlich lächelt sie uns an. Sie hat kräftige Zähne und ein markantes Kinn. Es ist Federica, die den Platz zur Zeit gemeinsam mit Pepino betreibt. Sie ist dreiunddreißig Jahre alt und kommt aus Ferrara. Obwohl sie acht Semester Biologie studiert hat, findet sie – wie viele junge Leute in Italien - keine Anstellung. Daher jobbt sie hier ab und zu. Wie es aussieht, hat sie sich dabei in Pepino verliebt. Höflich heißt sie uns jetzt willkommen und erkundigt sich auf Deutsch, wie lange wir bleiben wollen. „Etwa drei Monate", antwortet Peter. „Ups!" Überrascht fragt sie, warum wir denn nicht reserviert hätten. Betroffen schauen wir sie an. Uns war als Überwinterungsneulinge überhaupt nicht bewusst, dass in dieser Jahreszeit so viele Camper unterwegs sind. Wir dachten, auf diese Idee käme nur eine Handvoll Idealisten. Mit Bedauern in der Stimme informiert uns Federica, dass zur Zeit alles belegt sei. „Und direkt unten am Strand?" „Nein, im Winter kann man dort nicht stehen. Es hat die letzte Zeit ziemlich viel geregnet, und es ist alles voller Schlamm." Sie merkt wohl, dass ich den Tränen nahe bin, denn sie versichert mit einfühlsamem Nachdruck, dass sie eine Lösung für uns fände. Wenig später bietet sie uns für die ersten vier Wochen einen Platz gegenüber der Rezeption an. Später könnten wir dann auf die etwas weiter unten gelegene geschotterte Terrasse fahren. Wir sind der liebenswürdigen Frau heute noch für ihr außergewöhnliches Engagement dankbar. So viel Schönes wäre uns entgangen, wenn wir damals hätten weiterfahren müssen! In den nächsten Tagen machen wir herrliche Spaziergänge am kilometerlangen Strand. Wir sind hingerissen angesichts des Formenreichtums und der wundervollen Farbkontraste: Dem Grün der Macchia neben dem Gelb des feinsandigen Strandes. Filzige Kugeln eines Tanggewächses rollen vom Wind getrieben durch den Sand. Die letzte Flut hat unzählige kleine Quallen angespült, die nun verenden. Ihr Verwesungsgeruch vermischt sich mit der Meeresbrise.

„Ich habe uns zur Silvesterfeier angemeldet!" Gut gelaunt kommt Peter von seinem Rundgang über den Platz zurück. „Na, da bin ich ja mal gespannt, wie hier der Jahreswechsel gefeiert wird. Was ziehe ich denn bloß an?" Die passende Garderobe ist schnell gefunden, denn der Raum, in dem die Feier stattfindet, ist ziemlich kalt. Also tragen wir Jeans und Fleecejacke wie sonst auch. Zum Fest sind viele Campinggäste und auch einige Leute von außerhalb gekommen. Das Menü mit sizilianischen Spezialitäten ist üppig und dauert von 21 bis 24 Uhr. Nach Mitternacht gibt es einen Teller Linsen, der Geldsegen für das neue Jahr symbolisiert. Vorsorglich verspeisen wir gleich zwei Teller davon. Ein Alleinunterhalter spielt italienische Schlager und Volkslieder, die die Gäste begeistert mitsingen: „Volare, ooho, cantare, oohohoho ...“ Karaokeeinlagen vertreiben die Zeit bis zum nächsten Gang in der Menüfolge. Vor allem die Kinder und italienischen Gäste machen begeistert mit. Wir erkennen einige Dorfbewohner: Da ist der Bäcker Silvio und seine Frau, übrigens fantastische Tangotänzer. Der Metzger und das Ehepaar aus dem Lebensmittelladen. Zwei junge Burschen aus der Café-Bar, die wir Pausenclowns nennen, weil sie immer dann, wenn die Stimmung abzuflauen droht, aufspringen und die Gäste lautstark animieren. Uns gegenüber sitzt ein Ehepaar aus Norditalien. Beide etwa Mitte fünfzig und gutaussehend. Sie ist eine klassische Schönheit mit dunklem, grau durchwirktem Haar. Er, weißhaarig und blauäugig, erinnert an Nick Nolte. Ihre Gesten sind zurückhaltend, ihre Sprache leise, aber eindringlich. Schräg gegenüber führt ein Ehepaar Kleinkrieg. Versöhnlich legt er seine Hand auf ihre. Mit einem genervten Gesichtsausdruck schlägt sie sie weg und wendet sich ab. Plötzlich springt der Bäcker von seinem Stuhl auf und schreit: „Mazurka!" Auch die Anderen erheben sich und stellen sich zu einer Polonaise auf.

Alltag

Unweit von Torre Salsa liegt das Städtchen Montallegro. Dort decken wir uns regelmäßig mit allem ein, was wir so brauchen. Beim Einkauf muss man vorsichtig sein, was man sagt. Besser man verkneift sich die sarkastische Bemerkung über das Aussehen der Verkäuferin, denn hier spricht fast jeder Zweite deutsch. Einer hat achtzehn Jahre lang in Münster gearbeitet, ein anderer elf Jahre in Köln, ein Dritter achtunddreißig Jahre in Stuttgart. Die Dame im Gemüseladen begrüßt uns in fließendem Deutsch. Allerdings nicht akzentfrei. Deutlich hört man den Mannheimer Dialekt heraus. Zwanzig Jahre hat die dralle Dame in der Rhein-Neckar-Metropole gelebt. Nicht nur ihre Sprache erinnert uns an Joy Fleming, sondern auch ihr Aussehen und der Klang ihrer Stimme. Peter meint: „Sie sieht aus wie Joy Fleming, sie spricht wie Joy Fleming – ich glaube, das *ist* Joy Flemming." Es ist schon verrückt – eine waschechte Sizilianerin mit original "Monnemer Sound".

Im Laufe der Wochen erfahren wir, wo es die süßesten Orangen, das reinste Olivenöl und die frischeste Bratwurst gibt. Jetzt wissen wir, wer die besten Filone backt und den aromatischsten Fenchel verkauft. Wir lernen einige der Dorfbewohner kennen: die Friseurin, die in Rastatt aufwuchs, wegen der Liebe nach Montallegro zurückkehrte und hier das Abitur wegen schlechter Italienischkenntnisse nicht schaffte. Vincenzo, der einmal mit einer Deutschen verheiratet war und hilfsbereit all unsere Fragen beantwortet. Enzo, einer der Betreiber der Bar „Barry White", der uns schon auf der Silvesterfeier als Pausenclown auffiel. Wir treffen ihn oft strammen Schrittes am Strand, wo er versucht, seinem rundlichen Bauch davonzulaufen. Maria, die auf allen Wochenmärkten der Umgebung mit ihrem Gemüsestand vertreten ist und eine ansehnliche Ferienwohnung zu vermieten hat.

Anfänglich wundern wir uns über die geschlossenen Geschäfte zwischen 14:00 Uhr und 16:00 Uhr. Endlich begreifen wir: Siesta! In dieser Zeit kann man nichts kaufen und nichts besichtigen, die Ortschaften wirken wie ausgestorben. Verkehrschaos herrscht dagegen zwischen 13:00 Uhr und 14:00 Uhr, weil alle zum Essen nach Hause fahren. Zu Mittag isst der Sizilianer einen Teller Nudeln mit Gemüse, Ragù oder Sauce. Richtig gekocht wird dann abends: Fisch oder Fleisch, Gemüse, Salat. Alles frisch zubereitet. Die Friseurin meint, ihr Leben spiele sich überwiegend im Friseursalon und in der Küche ab. „Zwischen November und Februar fallen die Menschen hier in eine Art Winterschlaf", meint Vincenzo. „Erst bei zwanzig Grad tauen wir wieder auf", scherzt er. „Im Sommer leben die Sizilianer überwiegend auf der Straße. Sie sitzen vor ihren Türen, schwatzen, flanieren. Das geht so bis 24 Uhr. Danach treffen sich die jungen Leute am Strand. Dort wird gesungen und getanzt, meist bis in die Morgenstunden." „Und wenn man am nächsten Tag arbeiten muss?", ist natürlich gleich meine Frage. „Tja, ein bisschen anstrengend ist es schon für die, die arbeiten müssen. Meistens halten sie einen Mittagsschlaf", bekomme ich zur Antwort.

Gestern Abend gab es im Fernsehen eine Reportage über Hygiene. Da wurde die wissenschaftlich untersuchte These verlautbart, dass in deutschen Haushalten weniger häufig und vor allem weniger gründlich geputzt wird als in Italien. Angesichts der hiesigen total verdreckten Toiletten in Restaurants und Internet-Cafés, fragt man sich allerdings, auf welcher Basis die Wissenschaftler ihre Untersuchungen anstellten. Umfragen? Wer beantwortet die Fragen nach Sauberkeit schon ehrlich? Repräsentative Testfamilien? Würde man nicht auch gründlicher putzen, wenn man weiß, dass alles aufgezeichnet wird? Allerdings sehe ich die These gleich am nächsten Tag bestätigt: Wir besuchen eine private Änderungsschneiderei und ich schaue mich, den besagten Fernsehbeitrag noch im Kopf, natürlich ganz besonders genau um. Und tatsächlich, kein Stäubchen, kein Krümel ist zu sehen. Glänzender Marmorboden, blitzblanker Herd, spiegelnde Schrankflächen. Alles ist sehr gepflegt, aber das Durcheinander von Möbelstilen, Holzarten und

Stoffmustern irritiert. An den Wänden Fotografien: Kinder, Enkel, Hund. Trotz der Bilder und Kissen wirkt alles sehr kühl und gar nicht „gemütlich". Auch von außen sehen die Häuser auf Sizilien in der Regel nicht sehr einladend aus. Stromkabel kringeln sich entlang der meist unverputzten Hauswand. Das untere Stockwerk ist häufig verbrettert, das obere für den weiteren Ausbau vorbereitet. Dazwischen wohnt man. Unterschiedliche Fenster, Türen und Fensterläden. Alles sieht unfertig, improvisiert aus. Außer ein paar Blumentöpfen gibt es keine Dekorationen, auch nicht in Hof und Garten. An der Frontseite führt eine Tür, die einem Werkstatt- oder Garagentor ähnelt, in einen quadratischen Raum ohne Fenster. Zweckmäßig ausgestattet mit Anrichte, Esstisch, Couch und Fernsehgerät, spielt sich hier vermutlich das Familienleben ab. Ich spaziere entlang der Hauptstraße und blicke im Vorübergehen neugierig in die Häuser hinein. Mit einer Decke über den Beinen sitzt ein alter Herr in der geöffneten Tür und beobachtet das Treiben auf der Straße. „Buongiorno!", ruft er mir freundlich zu. Aus seinem Mund tropft Speichel. Im Nebenhaus erspähe ich durch den Fliegenvorhang ein Bett, in dem eine alte röchelnde Frau liegt. Neben dem Bett steht ein Rollstuhl. Bei einem besonders baufälligen Haus ist der Balkon abgebrochen. Aus seinem Schutt, der sich auf der Gasse türmt, wachsen kleine Bäume.

Wahrscheinlich verursacht durch den ständigen Wind am Strand, leide ich unter sehr schmerzhaften Nackenverspannungen. Zum Glück finde ich eine Massagepraxis in der Nähe. Wie beim Friseur und in der Autowerkstatt gibt es auch hier keine Termine. Drei ältere Damen warten bereits. „Das kann ja dann nicht so lange dauern", denke ich. Eine Fehleinschätzung: Am Ende habe ich für zehn Minuten ineffektiver „Streichelmassage" drei Stunden in einem zugigen Wartezimmer auf einem eiskalten Plastikstuhl verbracht. Jetzt kann ich meinen Kopf überhaupt nicht mehr bewegen und habe mir außerdem eine Erkältung zugezogen. Trotzdem war die Warterei interessant für mich. Jeder unterhält sich mit jedem, lautstark wie immer. Mich fasziniert die Körpersprache, die die Unterhaltung begleitet. Anders als bei uns, unterstreicht oder verdeutlicht eine Geste nicht ein Wort, sondern scheint eine eigene Vokabel zu sein. Dabei werden virtuos die Finger bewegt, was an Gehörlosensprache erinnert.

Montags und donnerstags laufen wir regelmäßig zu Annemarie aufs Feld. Dort verkauft sie ihr Öko-Gemüse. Die Allgäuerin ist etwa fünfzig Jahre alt und kam Anfang der 90er mit ihrem Mann nach Palermo. Nach der Trennung von ihm blieb sie auf Sizilien hängen. Heute lebt sie mit Pino zusammen, mit dem sie einen Teil der Felder der Hazienda bestellt und Öko-Gemüse anbaut. In dicker Daunenweste und schlammigen Stiefeln, mit Stirnband und roten Wangen, vital und immer gut gelaunt, erwartet sie die Camper. Das Gemüse wird dann der Nachfrage entsprechend direkt vom Acker geholt. Ein Schwätzchen, einen Scherz und ein paar Lebensweisheiten gibt es gratis dazu.

Ohne unseren Roller wären wir hier aufgeschmissen. Er ist Lastentaxi und Ausflugsdampfer zugleich. Wir haben ihn „Rudi Roller, das Raumwunder" genannt, denn es ist enorm, was er alles transportiert: Lebensmittel, Wasser-, Bier- und Weinflaschen, Benzinkanister, die Fotoausrüstung, eine ganze Kiste Apfelsinen, den Laptop, den täglichen Kanister Frischwasser, den Müllsack. Natürlich nicht alles gleichzeitig, aber wir sind immer wieder überrascht, wie viel Gepäckfach und Aufsatzkoffer schlucken. Wenn die schnelle Besorgung per PKW nicht mehr möglich ist, wird bewusst, wie viel man doch tagtäglich verbraucht. Im Laufe der Wochen klappern wir mit der Piaggio alle Märkte der Umgebung ab. Neben Gemüse, Fleisch und Käse, kann man sich dort mit Haushaltswaren, Schuhen, Gewürzen, Körperpflegeartikeln, Süßigkeiten und Kleidung eindecken. Wir genießen das quirlige Treiben und die Farbenpracht. Braune, rote, grüne und orangefarbene Linsen leuchten in der Sonne. Unschlüssig stehen wir vor dem großen Angebot an Oliven, worauf uns der Verkäufer mit einer Handbewegung einlädt, von allen zu kosten.

Vergeblich suchen wir einen Zahnstocher oder ähnliches, womit wir uns bedienen könnten. Eine ältere Italienerin lacht und macht es uns vor: Beherzt greift sie mit den Fingern in das Fass, fischt sich eine Olive heraus und steckt sie sich schmatzend in den Mund. Empfindlich darf man also nicht sein, wenn man sich auf dem Markt eindeckt.

Einkaufen gehen hier fast nur Frauen, und die haben sich dafür richtig schick gemacht. Blondgesträhnt, in Pelz- oder Lederjacken, einen fellgemusterten Schal um den Hals und mit reichlich Gold geschmückt, schlendern sie auf hohen Pfennigabsätzen an den Ständen entlang. Die meisten von ihnen sehen jedoch nur auf den ersten Blick gepflegt aus. Bei näherem Hinschauen entdeckt man abgesplitterten Nagellack, ungeputzte Schuhe und schlecht gepflegte Zähne. Fein herausgeputzt in Blazer, Schlips und überwiegend braunen Schuhen, die alten Herren, die in der Bar oder im Park bei einem Schwätzchen zusammenstehen. Auf einer Klappleiter mitten auf dem Weg zwischen den Marktständen, thront ein junger Mann mit goldfarbenen Turnschuhen. Auch seine Baseballkappe glänzt golden. Mit rauer, aber sehr lauter Stimme schreit er Sonderangebote heraus. Das Angebot an Bekleidung bietet eine große Bandbreite. Neben den klassischen schwarzen, engen Röcken und den geschmacklosen, altmodischen Strickpullis für drei Euro, gibt es auch sehr modische und schicke

Kleidung, so dass ich ein wenig bedauere, keine Kostüme mehr tragen zu müssen. Ein rosafarbenes Teil hat es mir angetan. Hingerissen probiere ich es an und betrachte irritiert die ¾-Ärmel. Ist das jetzt modern? Nein, es trifft wohl eher zu, dass die italienische Garderobe nicht für 1,75 Meter große Frauen gemacht ist.

Ein besonderes Erlebnis ist immer wieder das Bratwurstkaufen. Für uns völlig ungewohnt: Man kann zuschauen, wie die Wurst gemacht wird und sieht, was rein kommt. Mit einem freundlichen „Buongiorno" betreten wir den Laden. „Salsicce, per favore", sagt Peter und zeigt mit den Händen eine Länge von etwa einem Meter an. Nickend verschwindet der Metzger im Kühlhaus, um frisches Fleisch zu holen. Mit einem großen, ziemlich fetten Stück kehrt er zurück und dreht es durch den Fleischwolf. Dann gibt er Fenchelsamen, Salz und Pfeffer dazu und knetet alles kräftig mit den Händen durch. Schließlich kommt er hinter dem Tresen hervor, um die Masse in die handbetriebene Wurstmaschine zu stopfen, die im Kundenraum steht. Därme liegen schon bereit. Es dauert nicht lange, ein paar Umdrehungen an der Handkurbel, und aus dem Gehackten sind leckere Bratwürste geworden. Dazu Kartoffelsalat oder frischer Spinat oder Fenchelgemüse – ein Gedicht!

„Auteluke!"

Hin und wieder fahren wir mit dem Roller nach Agrigento ins Internet-Café. Noch gibt es keine Internetsticks oder Smartphones. Dreißig Kilometer sind es bis in die Stadt, in dieser Jahreszeit auf der Piaggio eine Tortour. Wieder mal wünsche ich mir Teleskopbeine, die man bei Bedarf verkürzen könnte. Trotz langer Unterhose friere ich. Meine eiskalten Hände krallen sich an Peter fest, die Handschuhe habe ich im Wohnmobil vergessen. Überholt uns ein LKW oder Bus, macht das instabile Gefährt einen Schlenker, und mein Herz rutscht in die Hose. Links und rechts huscht die Landschaft vorbei. Vor mir spiegelt sich in Peters Helm Vergangenes. Einzige Konstante ist das aggressive Knattern des Motors.

Als wir unsere Mail abrufen, sind wir geschockt. Unsere Mieter haben die Miete wegen der Rohrverstopfung gekürzt. Obwohl wir sofort reagiert haben, der akute Schaden behoben ist und wir auch eine Wiedergutmachung für die Unannehmlichkeiten zugesagt haben. „Die haben so einen guten Eindruck gemacht. Das hätte ich nie von ihnen gedacht", bemerke ich resigniert. Die nächsten Tage sind wir damit beschäftigt, einschlägige Gesetzestexte zu wälzen und mit unserem Anwalt zu telefonieren.

Als wir irgendwann wieder nach Agrigento ins Internet-Café müssen, beschließen wir, auf den Bus umzusteigen. „Das hätten wir viel früher machen sollen, das ist doch viel bequemer und außerdem erheblich interessanter", meint Peter später. Morgens um 10 Uhr sind wir oft die einzigen Fahrgäste, nachmittags um 13 Uhr ist der Bus jedoch voller Schüler. Lautstarke Begrüßung, Küsschen rechts, Küsschen links, Mädchenkichern, Lachen, Handyklingeln und natürlich parlare, parlare. Aber alles geht ganz friedlich zu. Sie scheinen sich angeregt auszutauschen und nicht nur blöde Sprüche zu wechseln. Bei einem Gespräch geht es offensichtlich um PC und Internet. Manchmal erkennen wir eine englische Vokabel mit italienischer Aussprache. „Outlook" klingt dann wie „Auteluke", „google" wie „guggele".

Wir schauen über die Reihen von Haarschöpfen vor uns und sind verwundert, dass sie nicht dem erwarteten Klischee entsprechen. Sie sind nämlich meistens mittelbraun und nicht schwarz. Vor mir kringeln sich glänzende Korkenzieherlocken über die Sitzlehne. Daneben ein Junge mit gegeltem Haar. Sonnenbrille und Haargel scheinen hier ein Muss für coole Typen zu sein, fast alle jungen Männer sind damit gestylt. Im Bus wird die Sonnenbrille dann lässig nach oben geschoben, aber nicht auf den Kopf, sondern nur bis zur Stirn.

Will man den Fahrstil der Busfahrer beschreiben, könnte man ihn zügig, flott, rasant, aber durchaus auch rücksichtsvoll nennen. So wird zwar schon mal bei durchgezogener Linie überholt oder so dicht aufgefahren, dass man sicher ist „Jetzt kracht es!", dann aber auch wieder sehr umsichtig reagiert. Heute zum Beispiel sind wir überrascht, dass der Fahrer plötzlich drastisch die Geschwindigkeit verringert, als eine ältere Dame während der Fahrt aufsteht, um ihre Jacke auszuziehen. Erst nachdem sie sich wieder gesetzt hat, kehrt er zu seiner üblichen Fahrweise zurück. Hupen im Straßenverkehr ist hier absolut üblich. Es signalisiert keine Aggression, sondern bedeutet „Achtung". Abfahrtzeiten werden nur zur vollen Viertelstunde angegeben. Alles andere wäre auch weltfremd, kann doch so viel Unvorhergesehenes unterwegs passieren. In einer engen Gasse parkt zum Beispiel ein PKW quer, so dass der Bus nicht vorbei kommt. Zweimal hupen, ein wenig warten, und schon kommt die Fahrerin aus einem der Geschäfte gelaufen. Der Busfahrer winkt ihr zu, und weiter geht´s. Ein nächstes Mal steuert ein junger Mann den Bus. Er benötigt wohl dringend einen neuen Tiegel Haargel. Also hält er mitten auf der Strecke an, steigt aus und lässt sich von einem fahrenden Händler gründlich beraten. Ein anderer, der Appetit auf einen Espresso hat, läuft schnell in eine Bar nahe der Bushaltestelle. Die Passagiere bleiben trotz dieser Unterbrechungen entspannt. Kein Schimpfen, kein Drängeln, keine Hektik. Während der Fahrt werden wir mit Musik beschallt. Je nach Alter und Geschmack des Fahrers hören wir Rock-Oldies, oder eine sanfte Stimme säuselt etwas von Amore. Dabei trommelt der Fahrer auf das Lenkrad und dirigiert ein unsichtbares Orchester. Rechtzeitig vor der Kurve kehren seine Hände zurück ans Steuer.

Weniger entspannt ist der Fahrer, der uns ein paar Wochen später nach Agrigento kutschiert. Alles an ihm ist in Bewegung. Sein Mund zuckt, abwechselnd kneift er die Augen zusammen und kräuselt die Nase. Er staubt das Armaturenbrett ab, greift sich an die Nase, trinkt einen Schluck aus der Wasserflasche, telefoniert kurz, zieht die Schultern hoch, trinkt Wasser, verstaut die Flasche im Gepäcknetz über ihm, zuckt mit dem Kopf, tippt auf seinem Fahrscheinautomaten herum, holt die Flasche wieder aus dem Netz und trinkt erneut, reibt sich die Augen, telefoniert noch einmal. Die eine Hand benötigt er zum Halten des Handys, die andere, um beim Reden zu gestikulieren. Wir werden selbst ganz nervös, während wir ihn beobachten.

Sätze ohne Fragezeichen

Die Gäste auf dem Stellplatz bilden einen repräsentativen Querschnitt der Gesellschaft. Die meisten unter ihnen sind nett, aber es gibt natürlich auch Angeber, Nörgler und Schwätzer. „Sag mal, habe ich ein Kau-mir-ein-Ohr-ab-Gesicht?", fragt mich Peter sichtlich genervt als er von einem Gespräch mit einigen Campern zurückkommt. „Sie verhalten sich, als ob ein Wettbewerb liefe: Wer erzählt sein komplettes Leben in der kürzesten Zeit!" Er schüttelt verständnislos den Kopf. Auch mir war schon aufgefallen, dass es im Repertoire einiger Leute Sätze, die mit einem Fragezeichen enden, offenbar nicht gibt. Oft werden gleich in den ersten zwei Minuten die Duftmarken gesetzt und vom Porsche erzählt, den man nun endlich abstoßen müsse. Auch der Geländewagen und das englische Cabriolet stünden jetzt, da man so viel auf Reisen sei, ungenutzt herum. Hier, in dieser einfachen, einsamen, etwas maroden Umgebung offenbart diese Angeberei noch deutlicher als anderswo die Dekadenz solcher Menschen.

Das Miteinander spielt sich hier also genauso ab wie anderswo auch. Platzhirsche, Empfindlichkeiten, Spannungen, Gekeife. Wir sind froh, dass wir einige Tage später auf der fünfhundert Meter entfernten Terrasse stehen, abseits vom eigentlichen

Stellplatz. Hin und wieder halten wir ein Schwätzchen, besuchen die gemeinsamen Veranstaltungen
und sitzen auch mal beim Kaffee oder Bierchen zusammen. Ansonsten kriegen wir glücklicherweise
nicht viel mit von den Querelen. Darüber sind wir
sehr froh, denn Kompetenzgerangel und Profilie-
rungssucht begegnete uns im Beruf häufig genug.
Unser Ausstieg sollte uns unter anderem auch davon befreien.

Frühlingsaufbruch

Erste Boten des Frühlings. Wochenlang war nur das Rauschen des Windes und des Meeres, das Tuckern eines Bootes oder das Brummen unseres Generators zu hören. Jetzt begleitet uns hoffnungsvoller Vogelgesang. Das bekannte „sissifee" der Meisen, das geschwätzige Gezwitscher des Goldhähnchens, aber auch uns völlig unbekannte Stimmen. Kleine Raubvögel ziehen ihre Kreise, und Elstern üben sich im Kunstflug. Ein Fuchs umschleicht regelmäßig unser Wohnmobil. Hier raschelt es im Gebüsch, dort huscht etwas über den Weg. Meist zu schnell für unser Auge. Nur manchmal erhascht unser Blick gerade noch eine flinke, smaragdgrüne Eidechse oder ein braunes Wiesel. Die Stämme der Eukalyptusbäume häuten sich wie Schlangen. Wochenlang nasse Wege trocknen endlich ab, die Schlammkruste bricht auf und hinterlässt hübsche Mosaikmuster. Immer öfter sehen wir ältere Männer mit Plastiktüten durch die Büsche streifen. Was machen die da bloß? Später erfahren wir, dass sie grünen, wilden Spargel suchen. Eine Freizeitbeschäftigung, die einen kleinen Nebenverdienst bietet wie in Polen das Pilzesammeln. Uns geht es mit dem Spargel wie mit den Pilzen: Wir können direkt davor stehen und sehen ihn trotzdem nicht.

Unser eigenes Verhalten gibt uns schließlich die Gewissheit, dass der Frühling nun wirklich nicht mehr aufzuhalten ist. Nein, nicht was der Leser nun wieder denkt! Wir meinen das, was wohl schon Herrn und Frau Neandertaler veranlasste, das Steinbeil zu schärfen und die Höhle auszufegen: die Frühlingsputzwut. Die Sonne bringt es an den Tag, und wir sehen verdreckte Scheiben, Staubschichten und Kratzer. Zwei Tage lang wird gewischt, geschrubbt, repariert, poliert, um sich dann bei einem Cappuccino zufrieden zurückzulehnen. Auch am Strand sind wir aktiv. Jeder Spaziergang wird genutzt, um Müll zu sammeln. Es kostet uns ein wenig Mühe und etwa zehn große Mülltüten, dann ist der Strand entlang unserer Hausroute weitgehend sauber. Nach dem Motto: Nicht meckern, sondern handeln. Übrigens, beim Frühlingsputz bemerken wir Spinnweben im Fahrerhaus – also allerhöchste Zeit aufzubrechen.

Diesmal wollen wir uns den weiten Landweg sparen und von Trapani nach Livorno übersetzen. Uns wurde eine LKW-Fähre empfohlen, die für wenig Geld auch Camper mitnimmt. Zuvor wollen wir aber noch die Salinen von Trapani besichtigen. Diese faszinierende Kulturlandschaft, die auch ein Paradies für Zugvögel ist, stand schon letztes Jahr auf unserer Wunschliste. Damals fanden wir jedoch die Abzweigung nicht. Diesmal klappt es. Zunächst fahren wir den Stellplatz beim Hotel Le Saline direkt an der SP 21 an. Der ist nicht besonders attraktiv, aber zum Salzmuseum sind es mit dem Roller nur wenige Minuten. Die Salzgewinnung ist seit Jahrhunderten ein wichtiger Wirtschaftszweig in der Region. Schon Voltaire lobte die alten Salinen. Nach dem Zweiten Weltkrieg setzte ein langer Niedergang ein. Heute werden mit staatlicher Unterstützung wieder etwa 100.000 Tonnen Salz jährlich produziert. In flachen Wasserbecken, den sogenannten Salzpfannen, wird das Salz durch Verdunstung gewonnen. Von März bis Ende September – genau 176 Tage lang – kann die Produktion erfolgen. Außerhalb dieser Zeit sind die Bedingungen aufgrund des niedrigen Sonnenstands zu ungünstig. Geerntet wird in den beiden heißesten Monaten Juli und August. Knochenarbeit! Das „weiße Gold" wird dann in langen Reihen aufgehäuft und mit Tonziegeln abgedeckt, um das Verwehen zu verhindern. So trocknet es über den Winter weiter, bevor es im nächsten Frühjahr weiterverarbeitet und verkauft werden kann. Zwischen den Salzbecken stehen die charakteristischen Windmühlen, die früher das Meerwasser in die Salzpfannen pumpten. Wegen der geringeren Windstärke haben sie zwei Flügel mehr als ihre holländischen Vorbilder. Einige von ihnen wurden restauriert und sind mit ihren roten Dächern malerische Fotomotive. Aber auch die Ruinen leuchten vor dem stahlblauen Himmel und den schillernden Wasserflächen. Heute wird die Arbeit von elektrischen Pumpen erledigt. Wir können uns gar nicht daran satt sehen und fotografieren bis zum Einbruch der Dunkelheit.

Der Tipp, die LKW-Fähre zu nehmen, war gut. Da wir einen Platz auf dem offenen Oberdeck zugewiesen bekommen, können wir sogar im Wohnmobil bleiben, also in unseren gewohnten Betten schlafen und lecker kochen. Der Clou: Die Satellitenantenne funktioniert einwandfrei und gleicht durch automatische Nachjustage jeweils die leichten Kurskorrekturen des Schiffes aus. „Ist heute ein Feiertag?", frage ich irritiert, denn im Fernsehen wird „Und ewig singen die Wälder" wiederholt. Mit dem Filmklassiker und einem guten Essen vergeht die Zeit schnell. Am nächsten Morgen erreichen wir ausgeruht Livorno.

Sachzwänge

Zurück in Deutschland erwartet uns ein Erledigungsmarathon. Da fühlt man sich fast schon an den früheren Alltag erinnert. Ganz ohne organisatorische und institutionelle Zwänge geht es offensichtlich auch nach einem Ausstieg nicht. Hier ein paar Beispiele welche Dinge geregelt werden müssen:

Aufgelaufene Post durchschauen, Ablage, Briefe schreiben, Steuererklärung vorbereiten, den Internationalen Führerschein verlängern lassen, Software-Updates, Arzt- und Zahnarztbesuche, Lagebesprechung mit diversen Handwerkern wegen der Rohrsanierung, die Tanks im Wohnmobil reinigen, den Medizinkoffer aktualisieren, Einkäufe erledigen, nicht genutzte Gegenstände auslagern und notwendige Teile ergänzen usw.

Zusätzlich sorgen unsere Mieter für Aufregung: Sie kündigen zur Jahresmitte. Nach dem Ärger mit ihnen in den letzten Monaten sind wir darüber eher froh. Aber natürlich ist die Kündigung für uns mit finanziellen Einbußen, erneutem Organisationsaufwand und Unsicherheit verbunden. Werden wir schnell einen seriösen und solventen Nachmieter finden? „Wird es irgendwann einmal möglich sein, unbeschwert zu reisen, ohne ständig aus der Ferne etwas regeln zu müssen?", frage ich ernüchtert. Ein wenig anders hatte ich mir die große Freiheit doch vorgestellt.

Hinzu kommt, dass wir zwei Wochen lang auf unser Reisemobil verzichten müssen, denn es sind diverse Reparaturen erforderlich. Im Laufe des letzten Jahres hat es ein paar Kratzer abbekommen. Glücklicherweise können wir in dieser Zeit bei einer Freundin in Rüsselsheim wohnen. Ich genieße die Vertrautheit mit ihr. Die mütterliche Fürsorge der älteren Dame hinterlässt in mir ein schon fast vergessenes kindliches Gefühl von Geborgenheit und Dankbarkeit. Meine Mutter, Omas, Tanten – alle sind schon vor längerer Zeit verstorben. Da ist also niemand mehr, der mich beim Abschied bittet: „Ruf mal kurz durch, wenn du zu Hause angekommen bist. Ich hab doch immer solche Angst, dass etwas beim Autofahren passiert." Keiner gibt mir mehr Essensreste mit, damit „ich etwas auf die Rippen kriege", oder näht schnell den losen Knopf an, nicht ohne zu bemerken: „So kannst du doch nicht rumlaufen! Was soll dein Chef von dir denken?" Früher ging mir diese Besorgtheit auf die Nerven. Seit sie unwiederbringlich verloren ist, fehlt sie mir manchmal.

Der Aufenthalt in meinem Geburtsort Rüsselsheim ist für mich eine Reise in die Vergangenheit. Während langer Spaziergänge besuche ich vertraute und erinnerungsintensive Orte. Mein Elternhaus ist auch heute noch so ungepflegt, wie es früher bei uns immer war. Ein Blick über den Zaun ins Waldschwimmbad, wo ich als 16-Jährige den Sommer verbrachte und flirtete. Wir bummeln durch die „City" und testen, ob das Eis im Salon Venezia immer noch so gut schmeckt. Erfreut stelle ich fest, dass der Main überhaupt nicht mehr stinkt. Das Gässchen, in dem meine Oma wohnte, fiel schon vor längerer Zeit einer städtischen Neukonzeption zum Opfer. Was mich völlig überrascht, ist der zur Zeit geringe Fluglärm. Verbunden mit dem für April ungewöhnlich schönen Wetter könnte man glauben, Rüsselsheim wolle sich mir noch einmal von seiner besten Seite präsentieren. Trotz Rias Verwöhnprogramm und den netten Ausflügen in meine Kindheit werden wir schon wieder unruhig und planen die nächste Tour. Es zieht uns erneut gen Osten. Endlich der Anruf von der Werkstatt: Das Wohnmobil ist fertig! „Boah! Das sieht ja aus wie neu!", staune ich. „Kratzer? Beulen? War was?", scherzt Peter.

Ende Juni, rechtzeitig zum Kündigungstermin der Mieter kehren wir aus Polen zurück. Das Treffen mit ihnen verläuft angespannt und kühl. Danach ist Maloche angesagt, denn Haus und Garten sind in einem stark vernachlässigten Zustand. Wir geben die schon im Winter beschlossene Rohrsanierung in Auftrag. Das alles ist mit viel Arbeit und Kosten verbunden. Ich muss unser Reisebudget neu kalkulieren. Doch es läuft nicht alles quer. Unser Makler findet sehr schnell neue Mieter. Sie sind sympathisch und nach ein paar gemeinsamen Arbeitseinsätzen haben wir das Gefühl, sie schon ewig zu kennen.

Nachdem also alles wieder in geraden Bahnen zu laufen scheint, wagen wir Reisepläne zu machen. Ziel für Oktober ist Sizilien. Nur noch zwei Monate bis dahin. Was machen wir also mit dem angefangenen Sommer? Tschechien? Keine Lust. Ungarn? Würde uns zwar interessieren, ist aber ziemlich weit. Da noch nicht alle Handwerker im Haus fertig sind, wollen wir uns sicherheitshalber nicht zu weit entfernen, um in Notfällen schnell wieder vor Ort sein zu können. Kleine Deutschlandrundreise? Grundsätzlich keine schlechte Idee, doch nach der Anspannung der letzten Wochen, brauche ich etwas Ablenkung durch neue Eindrücke. Erfahrungsgemäß bewältige ich Stress am besten, indem ich mich konzentriert einer Sache widme, die mit dem stressauslösenden Faktor nichts zu tun hat. Gartenarbeit oder das Vorbereiten eines Festes erfüllten früher zum Beispiel diese Funktion. Mit Kopf und Herz ganz bei den Rosen, die geschnitten werden wollten, vergaß ich völlig den Stapel unerledigter Vorgänge oder den Streit mit dem Chef. Die Seele konnte baumeln, die Gedanken schweiften ziellos hin und her.

Das Einlassen auf ein fremdes Land, das Beobachten und Lesen, die interessanten Neuigkeiten, das Sich-Zurechtfinden-Müssen in kleinen Alltagsdingen und das radebrechende Kommunizieren sind also genau die Ablenkung, die ich jetzt brauche. „Dänemark! Warum nicht Dänemark? Es ist nicht zu weit weg und nicht zu groß. Außerdem könnten wir dort in den europäischen Norden reinschnuppern für unsere geplante Nordlandtour." Erwartungsvoll schaue ich Peter an, was er von meinem Vorschlag hält. „Und guten Fisch und Höhlenkäse soll es dort auch geben. Also nichts wie hin!", antwortet er.

Welch eine Rückkehr!

Es war ein schöner Sommer! Obwohl alles völlig anders gekommen war, als ursprünglich geplant und erhofft. Schließlich machen wir uns wieder auf den Weg in Richtung Süden. Kaum unterwegs, beginnt es in Strömen zu gießen. Die Zwischenstopps bis Livorno sind miserabel: Laut und dreckig. Bei der Auffahrt auf die bewährte preiswerte LKW-Fähre erwartet uns die nächste Enttäuschung: Das Schiff ist so voll, dass wir nur noch einen Platz auf der schrägen Laderampe bekommen. Keine Chance, wie beim letzten Mal im Fahrzeug zu bleiben. Damit haben wir überhaupt nicht gerechnet, also auch keine Übernachtungs- und Picknicktasche gepackt. In Eile und halb in Trance – es ist 4 Uhr morgens, und der Lademeister hat uns aus einem kurzen Nickerchen aufgeschreckt – suche ich das Nötigste zusammen: Schlafsäcke, Zahnbürste, Handtücher, Mineralwasser, Lesestoff, Brot, Käse und etwas Obst. Und dann geht es in die enge, schmuddelige Kabine, die nur über zwei Stockbetten und ein Waschbecken verfügt. Außerdem müffelt sie nach Schweißfüßen. Immerhin gibt es auf dem Schiff einen kleinen, ungemütlichen Aufenthaltsraum, den wir zum Essen und Lesen nutzen können. So geht die 26-stündige Überfahrt unter Zähnezusammenbeißen mit Schlafen, Lesen und Luftschnappen auf Deck vorbei. Das nächste Mal

werde ich auf jeden Fall Essen vorbereiten. Kartoffelsalat, Frikadellen, Pudding und zwei Kannen
Kaffee lassen diese Kabine gewiss erträglicher
werden. Trotz allem genießen wir die Überfahrt, ist
sie doch so viel ruhiger und besinnlicher, als die
entsprechende Strecke über Land gewesen wäre.
Das monotone Brummen des Schiffsdiesels, der
leichte Wind und der immer gleiche Ausblick aufs
Meer lassen uns innerlich zur Ruhe kommen.

Welch eine Ankunft in Trapani! Schon von weitem
sieht man die Lichter der Stadt, die sich allmählich
auflösen im Licht der aufgehenden Sonne. Der
Himmel zuerst bläulich, dann zartrosa, schließlich
hellgelb. Aus ihm schält sich die Häusersilhouette
der Stadt. Eben noch schemenhaft, Augenblicke
später schon konkret und detailliert. „Wie eine gute
Dia-Überblendung", denke ich. Sonnenschein und
wolkenloser Himmel heißen uns willkommen. Wir
stellen uns auf unseren Stammparkplatz zu Füßen
des Madonna-Denkmals und gehen erst mal auf
einen Caffè und ein Cornetto in die Bar am Hafen.
Dort herrscht Hochbetrieb. Fischer lehnen am Tresen und unterhalten sich lautstark. Sie wirken erschöpft, und ihre Arbeitskleidung ist völlig durch-
nässt. Keiner der Männer nimmt von uns Notiz,
und wir fühlen uns irgendwie deplatziert. Auf dem
Rückweg zum Wohnmobil kaufen wir köstlichen
Parmaschinken und Ciabatta für ein üppiges Frühstück. Schließlich haben wir auf dem Schiff kaum

etwas gegessen.

Dankbar hat die Natur ein paar Tage Regen aufgenommen und präsentiert sich jetzt saftig grün. Damit haben wir nicht gerechnet. Überall sprießt und blüht es. Nur die Laubbäume beginnen sich gelb zu färben, und der Wind treibt die trockenen, braunen Blätter der Feigenbäume raschelnd vor sich her. „Lass uns noch einen Abstecher nach Selinunte machen", schlage ich vor. Die archäologische Stätte liegt idyllisch von Olivenhainen und Weinbergen umgeben fotogen am Meer und ist eine der kulturellen Hauptattraktionen Siziliens. Einst war sie die westlichste Kolonie der Griechen, sehr reich und mächtig, benannt nach dem hier wachsenden wilden Sellerie, „Selinon". Die Stadt litt im Laufe der Jahrhunderte unter vielen Schlachten und war schließlich fast völlig zerstört. Ein Erdbeben gab ihr dann den Rest. Erst im 19. Jahrhundert begannen die Ausgrabungen und der Wiederaufbau. Stundenlang spazieren wir jetzt durch die weitläufige Ruinenstadt mit den teilweise wieder aufgebauten Tempeln. Trümmer der mächtigen Säulen liegen in der bunt blühenden Landschaft, als hätten Riesen mit Bauklötzen gespielt und dabei die Lust verloren.

Der Besucherandrang ist sogar zu dieser Jahreszeit noch groß, relativiert sich aber aufgrund der Größe der Anlage. Zurück auf dem Parkplatz lasse ich mich später mit einer Tasse Kaffee im Fahrerhaus nieder und beobachte von hier den regen Betrieb. PKWs, Wohnmobile, Busse. Touristen aller Nationen und sehr viele italienische Schüler. „Gelati, gelati!" Laut rufend rattert ein Eisverkäufer auf seinem Mofa über den Platz. Eine Schulklasse verlässt gerade den Bus. Die Teenager fallen mir durch ihr höfliches und ruhiges Verhalten auf. Kein kraftstrotzendes Gehabe pubertierender Jungen, kein Kichern und Kreischen flirtender Mädchen. Einige haben sich gelbe Blumen ins Haar oder Knopfloch gesteckt. Ein junger Mann trägt die Blüte keck hinterm Ohr. Eng umschlungen schlendert ein Pärchen vorbei. Er ist einen Kopf größer als sie und haucht verliebt Küsse in ihr Haar. Sie kuschelt sich in seine Armbeuge. Alle paar Schritte wendet sie ihm ihr Gesicht zu und sucht seine Lippen.

Ein wenig wie „nach Hause kommen"

Voller Vorfreude nähern wir uns Torre Salsa. Ganz sachte kriecht ein wohliges Glücksgefühl in mir hoch. Es ist fast schon ein wenig wie nach Hause zu kommen. Auf unserer Fahrt durchs Dorf winken uns die vor der Bar sitzenden alten Herren zu. Beim Einkauf erkennen uns viele wieder und fragen, wie es uns geht. Auf der Hazienda gibt es personelle Veränderungen. Außerdem wurden zwei hässliche Fertigduschkabinen installiert. Die beiden Hunde vom Frühjahr gibt es nicht mehr, dafür drei andere Promenadenmischungen. Ansonsten ist alles beim Alten: die herrliche Landschaft, der grandiose Ausblick von unserem Stellplatz, die Stille, die vitale Bio-Bäuerin und ihre frischen Produkte direkt vom Feld.

Nur die sommerlichen Temperaturen und die lauen Nächte sind neu für uns. Wir nutzen sie ausgiebig beim Baden im Meer und Kochen im Freien. Ganz erstaunt bin ich über den einstigen Schwimmmuffel, der gar nicht mehr raus will aus dem Wasser. Wie Kinder springen wir über die Wellen und lassen uns zurück an den Strand treiben. Bei stärkerem Wellengang perlt die See wie in einem Whirlpool. In einem unaufmerksamen Moment erwischt mich eine Welle, schlägt über mir zusammen und zieht mich unter Wasser. Pfui, schmeckt das salzig! Sie begeistert uns immer noch, diese kilometerlange Dünenlandschaft. Die idyllischen Buchten in Kroatien und auf Sardinien, wo bizarre Felsen türkisgrünes Wasser umschließen, bezaubern durch ihre vollkommene Schönheit. Gerade ihre Begrenztheit macht den Reiz aus. Hier aber, an diesem Küstenabschnitt Siziliens, ist alles weit. Zwar hat auch diese Weite irgendwo ein Ende. Dann recken sich mächtige, weiße Kreidefelsen weit ins Meer und ragen steil empor. Aber sie sind kilometerweit entfernt, fangen den Blick, engen ihn aber nicht ein. Glücklich stapfen wir durch den weichen Sand. Der Wind spielt mit meinen Haaren. Ich blinzle in die Sonne und in meinen Ohren rauscht die Brandung. So fühlt sich Freiheit für mich an.

Während wir noch den Sommer riechen und die Wärme genießen, wird schon überall der Rückzug sichtbar. Viele Hotels und Campingplätze sind bereits geschlossen. In der Landwirtschaft laufen die Arbeiten auf Hochtouren. Die Olivenernte ist fast abgeschlossen. Überall sieht man Netze unter den Bäumen liegen. Annemarie, die Bio-Bäuerin, ist völlig geschafft. Maloche bis spät in den Abend. Im Durchschnitt trägt ein Baum 100 bis 150 kg Oliven, die bis zu zehn Liter Olivenöl ergeben. Nach der Olivenernte beginnt dann die Arbeit in der Orangenplantage. Saftig und zuckersüß sind die leckeren Früchte, mit einem Aroma, wie wir es von den in Deutschland angebotenen Apfelsinen nicht kennen. Im Weingarten werden die Reben bis auf einen Trieb zurückgeschnitten, die Erde gelockert und von Unkraut befreit. Dunkel- oder ockerbraun präsentieren sich die sorgfältig bestellten Getreidefelder. Die neue Saat ist ausgebracht.

„Zugabe, Zugabe!"

Wieder eine Fahrt mit dem Bus nach Agrigento ins Internet-Café. Das wurde um einige PCs erweitert und ist technisch auf aktuellem Stand. Auch die Inneneinrichtung ist jetzt modern und geschmackvoll. Dafür funktioniert die Toilettenspülung nun überhaupt nicht mehr. Im Frühjahr kam wenigstens ab und zu ein dünnes Rinnsal aus der Leitung. Jetzt stehen in der ersten Woche noch zwei gefüllte Wassereimer neben der Toilette, zehn Tage später noch nicht einmal mehr die. Geputzt wurde hier offensichtlich noch nie. Immer grauer wird das Waschbecken, die schönen Terracotta-Bodenfliesen sind von einer Dreckkruste überzogen. Leere Kartons und alte PCs türmen sich neben den Schreibtischen. Eine defekte Neonröhre steht in einer Mauernische. Nachlässigkeit und Apathie begegnen uns ständig auf Sizilien und wecken immer noch unser ungläubiges Staunen. Zwar wachsen mit der Zeit Verständnis und Toleranz, trotzdem fällt uns das Akzeptieren oft schwer. Zum Beispiel, wenn unbekümmert erzählt wird, dass alte Autoreifen beim schnellen Verbrennen des Baumschnittes helfen. Oder wenn mitten auf einer Piazza in Palermo ein älterer Herr seinen Müll aus dem Auto entsorgt.

Es ist kurz vor Weihnachten, und ich will die Fahrt

nach Agrigento für ein paar Einkäufe nutzen. Verzweifelt suche ich nach Geschenkpapier. Wickeln die Sizilianer ihre Weihnachtspräsente nicht ein? Servietten, Kerzen, Teelichter – man muss Glück haben, etwas zu finden. Wir nehmen einen schnellen Espresso im Café Patti. Im Kiosk daneben werden internationale Zeitungen angeboten: Le Monde, Financial Times und ... die Bildzeitung! Armes Deutschland! Ein Hund streunt durch die Straßen. Bei einem Blumenladen hebt er sein Bein und pinkelt auf die Alpenveilchen. „Jetzt aber schnell, sonst verpassen wir den Bus", treibt mich Peter an. Die Eile ist berechtigt, denn wenn wir den nicht erwischen, müssen wir eine dreistündige Mittagspause überbrücken. Als wir im Dauerlauf die Haltestelle erreichen, ist der Bus schon fast vollständig mit Jugendlichen besetzt, wie immer um diese Zeit. Mittendrin finden wir noch ein Plätzchen. „Buongiorno", „Buongiorno", „Buongiorno", die Schüler sind uns gegenüber sehr höflich. Während der Fahrt scherzen sie untereinander und mit dem Busfahrer. Er scheint für sie eine Instanz, ein Kumpel zu sein. An einer Haltestelle muss auf einen Anschlussbus gewartet werden. Ein fliegender Händler, der Socken und kleine Plüschtiere anbietet, steigt währenddessen ein. Zuerst hat es den Anschein, er wolle den Jugendlichen etwas verkaufen. Dann wird die Unterhaltung immer lebhafter. Alle Personen – außer uns natürlich, denn wir verstehen kein Wort – diskutieren leidenschaftlich mit.

Laut und wild gestikulierend. In Erwartung einer Keilerei ziehen wir vorsorglich die Köpfe ein. Irritiert stellen wir jedoch fest, dass zwischendurch immer wieder herzhaft gelacht wird. Nach einer längeren Rede des Händlers, in der wir die Wörter „Grappa, droga, sigarette" verstehen, rufen die Jugendlichen lachend: „Zugabe, Zugabe!" Wohlgemerkt auf Deutsch! Nun können wir das Ganze überhaupt nicht mehr einordnen. Der Spuk ist schnell vorbei, als der zweite Bus kommt und weitere Fahrgäste in unseren umsteigen. Von einer Minute zur anderen kehrt träge Stille ein.

„Can I help you?"

Einige Ziele sind für die Fahrt mit dem Roller zu weit, andere mit dem Reisemobil zu schwer zu erreichen. Daher mieten wir uns jetzt einen Fiat Panda. Annemarie schwärmt von Palermo zur Weihnachtszeit und so erwägen wir, Peters Geburtstag und die Feiertage dort zu verbringen. Voraussetzung hierfür ist allerdings, dass der empfohlene Stellplatz in der Innenstadt für unser Womo geeignet ist. Also machen wir an einem Sonntag mit dem gemieteten Panda eine Erkundungstour. Ich freue mich, wieder mal ein handliches Auto fahren zu können. Bei herrlichem Sonnenschein und wenig Verkehr genießen wir die Fahrt durch die Landschaft. Steinige Hügel, dazwischen immer wieder grüne Obstplantagen und braune, gefurchte Felder. Schon von weitem sieht man die Stadt malerisch in der Bucht zwischen steilen Hängen liegen. La Conca d'Oro wird die Stadt genannt. Als wir unten ankommen pulsiert gerade der übliche Verkehr zur Mittagszeit. Und wir mitten drin. Peter versucht den Stadtplan mit den wenigen Straßenbezeichnungen oder Hinweisschildern in Einklang zu bringen. Hat er endlich einen Orientierungspunkt gefunden, und wir sind auf dem richtigen Weg, wird dieser jäh von einer Einbahnstraße unterbrochen, die natürlich auf der Karte nicht ausgewiesen ist. Das Suchen beginnt also von vorn. „Can I help you?" Der Fahrer eines dicht rechts neben uns her fahrenden Autos lehnt sich aus seinem Fenster zu Peter hinüber. Der ruft ihm den Namen der gesuchten Straße zu. Jetzt beugt sich der hilfsbereite Mensch noch stärker aus seinem Fenster und erläutert gestenreich, dass wir an der übernächsten Ampel rechts fahren müssten und dann sei es gar nicht mehr weit. Das alles findet wohlgemerkt während des Fahrens statt. Ich versuche unterdessen das Auto langsam durch das Verkehrschaos zu steuern. Hochkonzentriert und angespannt. Es ist unglaublich, wie viele Autos sich nebeneinander durch eine enge Gasse zwängen können! Sie kommen von allen Seiten und parken an den unmöglichsten Stellen. Manchmal beträgt der Abstand zum Fahrzeug neben uns gerade mal fünf Zentimeter. Den Gedanken an die hohe Selbstbeteiligung beim Mietfahrzeug unterdrücke ich. Der würde mich jetzt nur lähmen und damit den Verkehrsfluss behindern. Endlich finden wir den Stellplatz und sind enttäuscht – zu eng für unser Wohnmobil. Außerdem liegt er sehr nüchtern inmitten der Häuserreihen. Wollen wir hier wirklich Weihnachten verbringen? Schnell sind wir uns einig: Nein! Nach einem sehr schmackhaften Mittagessen inmitten von Palermitanern, die sich sonntags gern mit der Familie im Restaurant treffen, machen wir uns auf den Rückweg. Zwischen 14 und 16 Uhr sind die Straßen wie ausgestorben, das wollen wir ausnutzen. Außerdem haben wir noch einen Abstecher nach Segesta geplant. Dort thront auf einem Hügel ein imposanter Tempel, der sehr gut erhalten ist. Aufgrund seiner isolierten Lage wurde er glücklicherweise nie als Steinbruch missbraucht. Die Aussicht von hier oben ist grandios und wir müssen uns schließlich regelrecht losreißen, denn es beginnt bereits zu dämmern.

Die spröde Schöne

Caltabellotta liegt auf fast tausend Metern Höhe mit herrlichem Panorama. Doch die Schöne gibt sich heute spröde und hüllt sich bei unserer Ankunft abweisend und geheimnisvoll in eine Wolke. Nur schemenhaft sind Autos und Häuserfronten zu erkennen. Bei diesen schlechten Sichtverhältnissen verfahren wir uns und finden nur mühsam wieder aus den schmalen Gassen heraus. Am nächsten Tag wagen wir daher einen zweiten Versuch. Heute begleitet uns herrlicher Sonnenschein. Der sizilianische Schriftsteller Leonardo Sciascia schrieb einmal: „Sizilien hat 1039 Kilometer Küste! Doch die Insel scheint ganz nach innen gewandt zu sein, angeklammert an Hochebenen und Berge, darauf bedacht, sich dem Meer zu entziehen." An diese Formulierung muss ich jetzt denken, als ich die schroffen Kalksteinfelsen Caltabellottas sehe. Die Aussicht von hier oben ist wirklich beeindruckend. Der Blick gleitet an den bizarren Gebirgsformationen hinab zu sanft abgerundeten grünen Hügeln. Am Horizont das Meer, dazwischen Felder und Bäume als interessante graphische Muster. In der Stadt soll es etwa 100 v. Chr. einen Massenselbstmord gegeben haben. Im Aufstand gegen die grausame Ausbeutung durch die Römer flüchteten rebellierende Sklaven nach Caltabellotta. Als ihre Lage aussichtslos wurde, nahmen sie sich kollektiv das

Leben.

Auf einem Felsen thront ein Restaurant und bietet einfache, schmackhafte Küche. Ich bestelle meine favorisierten Pasta, die „Spaghetti alla Norma", benannt nach der Oper 'Norma', mit gebratenen Auberginenstücken und Ricotta. Peter bevorzugt die fischige Pasta-Variante. Dazu trinken wir einen „mezzo litro vino rosso della casa". Den brauchen wir auch zum Aufwärmen, denn wie fast immer auf Sizilien fehlt hier eine Heizung. Die Kälte in den Restaurants und auf dem Roller blockiert regelmäßig das Aufkommen südländischer Leichtigkeit in uns und lässt hartnäckige Zweifel keimen, ob die Idee der Überwinterung innerhalb Europas wirklich sinnvoll ist. Mit kalten Füßen, aber warmem Bauch fahren wir also nach dem Essen beschwingt von Caltabellotta zum „Castello incantato", zu dem „Verzauberten Schloss" in der Nähe von Sciacca. Tausende von in Stein gehauenen Köpfen sind dort zu Mauern zusammengefügt oder im Gelände aufgestellt. Wut und Verzweiflung drücken sie aus, die eindrucksvollen Skulpturen des Filippo Bentivegna. Mit den geschlossenen Augen und ernsten Mündern liegt stille Traurigkeit auf den Gesichtern. Sogar in die Rinde eines alten Olivenbaumes hat der Künstler seine melancholischen Antlitze geschnitzt. Es wird spürbar, dass hier in besessener, zwanghafter Arbeit versucht wurde, ein Trauma zu bewältigen. Filippo, ein einfacher Bauer, war nach den

USA ausgewandert und an den dortigen Verhältnissen und einer enttäuschten Liebe gescheitert. Zurück in der Heimat kaufte er sich von dem in Amerika ersparten Geld ein Stück Land und schuf hier unermüdlich seine „Kopfgeburten". Jede Skulptur bekam einen Namen und damit Leben eingehaucht. So schuf der Künstler sich ein eigenes Reich mit Untertanen aus Stein.

„Lass und noch die Türkischen Treppen und die Vulcanelli di Macalube besichtigen, solange wir noch den handlichen Mietwagen haben", schlägt Peter vor. Die Zufahrt zu den winzigen Schlammvulkanen in der Nähe von Agrigento finden wir schnell. Harmlos blubbern sie heute vor sich hin, können aber auch gefährlich werden. Jahre später kommt es tatsächlich zu einer der gefürchteten heftigen Eruptionen und zwei Kinder sterben. Daraufhin wird das Gelände gesperrt.

Die „Türkische Treppe" ist eine gleißend weiße Kalkformation, die an Riesenstufen erinnert. Über die sollen einst die Türken an Land gegangen sein. Keuchend erklimmen wir sie im Abendlicht und sind beeindruckt vom kontrastreichen Farbenspiel. Die Anstrengung hat sich gelohnt. Nur der Müll und die Bauruine am Strand stören die Idylle.

Sizilianische Logik

Zu Ehren der heiligen Barbara findet alljährlich in der Salzmine von Realmonte ein feierlicher Gottesdienst mit anschließendem reichhaltigen Büfett statt. Mit mehreren Bussen werden die Gäste in einen ungefähr dreihundert Meter unter der Erde liegenden kathedralenähnlichen Raum gebracht. Aus dem Salzgestein sind der Altar, das Taufbecken, Heiligenskulpturen und sogar ein Bischofssitz herausgearbeitet. Über unseren Köpfen wölben sich die weiß-grauen Salzschichten in Wellenmustern. Honoratioren der Guardia di Finanza, der Feuerwehr und der Gendarmerie halten kurze Reden oder formulieren ein Gebet. Der eigens für dieses Event angereiste Bischof wirkt etwas verschnupft und kurzatmig. Dafür sind die Chormitglieder bei bester Stimme und beeindrucken mit hoher Professionalität. Der Gesang ist heiter-melodisch, ein erfrischender Gegensatz zu den bei uns üblichen ernsten und getragenen Kirchenliedern. Insgesamt fast zwei Stunden dauert die Zeremonie. Anschließend halten die hungrigen Gäste Ausschau nach dem Büfett. Von uns Campern haben die meisten in Erwartung der kulinarischen Genüsse nur ein kleines Frühstück zu sich genommen. Entsprechend groß ist die Enttäuschung, als wir hören, dass der Schmaus in diesem Jahr ausfällt. Vor ein paar Wochen ist ein Arbeiter in der Mine zu

Tode gekommen, und man hält in Anbetracht dieser Tatsache ein Büfett für pietätlos. Da man dem Publikum dennoch etwas bieten will, wurde eine Band engagiert, die ohrenbetäubende, rockige Musik macht. Das ist sizilianische Logik!

Auch das ist Natur!

Eines Abends geheimnisvolles Rascheln im Wohnmobil. Trotz eingehender Untersuchung können wir
die Ursache nicht entdecken. Als ich am nächsten
Morgen Orangenschalen in den Mülleimer werfe,
schauen mich winzige Mäuseäuglein frech an. Um
Maus und Peter nicht zu enttäuschen, zeige ich die
klassische Reaktion, die man von einer Frau erwartet und stoße einen schrillen Schrei aus. Die
Maus erschrickt, piepst, springt aus dem Mülleimer
und ist im Schrank verschwunden. Mausefallen
müssen her! Schnell im Wörterbuch nachgeschaut,
„trappola di topo", und dann geht es nach Montallegro zum Laden der „alles" hat. Der junge Mann hinter dem Tresen kennt die Campinggäste und deren
Bedarf, und so braucht Peter nur „trap ..." zu sagen
und schon liegt eine Mausefalle auf dem Tisch. Sicherheitshalber werden gleich vier gekauft, um sie,
mit leckeren Käsestückchen verziert, im Fahrzeug
zu verteilen. Dabei stellen wir fest, dass die putzi-
gen Tierchen unsere unter dem Sitz deponierten
Kaffeevorräte bereits angeknabbert haben. Bei fünf
der Vakuumverpackungen sind deutlich Mäuse-
zähnchen im Papier zu erkennen. Es dauert keine
zehn Minuten, bis wir die erste Falle zuschnappen
hören, gleich darauf die zweite. Die Mäuse müssen
wahnsinnig Kohldampf schieben! Ein bisschen leid
tun uns die kleinen Feldmäuse schon, aber wir hat-

ten uns vor Antritt der Reise darauf verständigt, dass wir im Wohnmobil keine Haustiere mitführen wollen. Von diesem Grundsatz können wir auch angesichts der possierlichen sizilianischen Mäuse nicht abgehen. Nach ein paar Tagen äußerst erfolgreicher Mäusejagd stellt Peter die Fallen außerhalb des Fahrzeugs in die Nähe der Reifen auf. Seine Kalkulation geht auf: Warum sollen die Mäuse noch ins Womo klettern, wo es doch draußen so leckeren Käse gibt? Insgesamt elf Stück gehen in die Fallen, damit halten wir den Platzrekord. Dann kommt der große Regen und seitdem bleiben die Fallen leer.

Blitz und Donner, dabei kaum Wind. Wassermassen fallen vierundzwanzig Stunden lang ununterbrochen vom Himmel. Danach ist alles anders. In den Senken haben sich Seen gebildet. Glitschiger Lehmbrei überzieht die Landschaft. Auf den Feldern hat der Regen tiefe Furchen hinterlassen. Schweres Gerät wird eingesetzt, und trotzdem dauert es zwei Tage, um die vom Schlamm überschwemmten Straßen halbwegs zu säubern. Im Naturschutzgebiet ist die Schotterstraße weitgehend zerstört, Bäume sind weggeknickt. Der Weg zum Strand ist abgebrochen. Wie eine offene Wunde klafft das kreisrunde Loch. Durch die Dünen haben sich die Wasserströme ihren Weg gebahnt und dabei alles mitgerissen. Der Strand sieht seltsam eben moduliert aus. Wahrscheinlich ist das

Wasser nicht mehr schnell genug durch den Sand gesickert und hat eine sich gleichmäßig verteilende Sand-Wasser-Masse gebildet.

Wir kriegen von den draußen wütenden Naturgewalten wenig mit, weil wir drinnen im umgebauten, ehemaligen Viehstall der Hazienda am warmen Ofen gemütlich Gerts Geburtstag feiern. Leckeres Essen, reichlich Rotwein, angeregte Gespräche, Lachen, bis der Bauch schmerzt. Über Geschichten von Elchen, die nach Sizilien schwimmen, um dort am Strand ihre Eier abzulegen, und von den klitzekleinen Elchbabies, die über den Sand ins Wasser krabbeln. Das entspannte Leben auf Sizilien scheint doch Leichtigkeit in unsere Herzen zu spülen, denn so ausgelassen albern waren wir früher nie. Als ich am Abend meinen stark angetüttelten Ehemann durch den Regen zum Wohnmobil führe, freut der sich wie ein Kind, dass uns die Blitze so schön hell heimleuchten.

Freiheit beginnt im Herzen

Die „Fan-Post-Überraschung" zu Peters Geburtstag gelingt wunderbar und überwältigt uns. Allein
Anita schreibt 60 (!) Karten, jede davon mit einem
besonderen Gruß und Sinnspruch. Der beste aller
Ehemänner wird nämlich 60 Jahre alt, und da habe
ich all unsere Verwandten und Freunde gebeten,
ihm eine Karte nach Sizilien zu schicken. Wenn ich
jetzt in seine feuchten Augen blicke, wird deutlich:
Er freut sich riesig. Schwierig gestalten sich dagegen die Vorbereitungen für die Feier mit ein paar
Gästen vom Campingplatz. Ohne Auto und ohne
der italienischen Sprache mächtig zu sein, bin ich
auf die Hilfe der jungen Dame von der Hazienda
angewiesen. Die ist allerdings nicht gerade ein Or-
ganisationstalent und wenig zuverlässig. Ich über-
zeuge Peter, dass wir uns noch mal ein Auto mieten und so kann ich wenigstens die beiden letzten
Tage vor seinem Geburtstag die notwendigen Vor-
kehrungen treffen. Es wird ein gelungener Abend.
Obwohl wir uns alle noch nicht lange kennen, haben die Gäste sehr liebevolle Geschenke mitge-
bracht. Zum Beispiel eine Mausefalle mit einem
Käse und einem großen Stück Schinken, verbunden mit dem Wunsch, Peters Jagdglück möge be-
stehen bleiben. Weitere leckere Köstlichkeiten landen auf dem Geburtstagstisch. Wie haben die Leute nur erraten, dass Peter den kulinarischen

Genüssen zugetan ist?

Ansonsten ist die Stimmung auf dem Platz eher angespannt. Anlass geben die drei Hunde der Hazienda, die nachts lautstark anschlagen, so dass einige Campinggäste nicht schlafen können. Wie üblich bilden sich zwei Lager: die Hundefreunde und die Hundehasser. Missverständnisse, impulsive Wortwechsel. Schnell verhärten sich die Fronten. Der Mechanismus für derlei Eskalationen ist wohl immer gleich. Heftig diskutierend stehen die Grüppchen beieinander und reden sich gegenseitig in Rage, schimpfen und intrigieren. „Wie früher im Betrieb. Das ist ja schrecklich!" Peter schüttelt den Kopf. Und dabei sind fast alle Rentner. Eigentlich sind sie losgezogen, um endlich das Leben zu genießen. Haben Machtkampf, Stress und Ärger hinter sich gelassen. Wollen Natur und fremde Länder in sich aufnehmen. Das beweist wieder mal: Freiheit beginnt nicht in irgendeinem fernen Land oder durch ein außergewöhnliches Leben. Freiheit beginnt im Kopf! Oder besser noch im Herzen? Wir sind froh, dass wir auf unserer Terrasse nicht viel von all den Streitigkeiten mitkriegen. Manchmal jedoch schwappt die Aufregung auch auf uns über. Dann nehme ich mir Annemarie, die Bio-Bäuerin, mit ihrer Gelassenheit und Ausgeglichenheit als Vorbild und merke, dass ich dazu noch ein wenig Übung brauche.

Schon wieder ein Jahr vorüber

Wir besuchen den weihnachtlichen Handwerker-
markt mit lebender Krippe in den Ruinen des alten
Dorfes Montallegro und kommen aus dem Staunen
und Wundern angesichts der ausgezeichneten Organisation nicht mehr heraus. Alles ist malerisch
und liebevoll hergerichtet. Auch wenn die hand-
werklichen Tätigkeiten nicht tatsächlich ausgeführt,
sondern nur schauspielerisch angedeutet werden,
vermitteln die Darstellungen doch einen Eindruck
wie es einst gewesen sein muss. Wir schlendern
entlang der durch rustikale Zäune abgesteckten
Route. Alle Leute verhalten sich sehr diszipliniert
und freundlich. Obwohl an zahllosen Ständen kostenlos kleine Happen angeboten werden, gibt es
kein Gedrängel und Geschubse. Montallegros
Hausfrauen haben geröstetes Brot, Eintopf, Pizza,
Würstchen, Gebäck und viele andere Leckereien
zubereitet. Ein kleiner Becher Wein wird auch gereicht. Alle greifen beherzt, aber ohne Gier zu. Mit
Schaudern erinnere ich mich an so manches reich-
haltige Büfett anlässlich von Betriebsfeiern, bei denen die Kollegen sich verhielten, als wären sie halb
verhungert oder völlig mittellos.

Und schon wieder ein Event! Wir feiern Silvester
mit ein paar Leuten vom Campingplatz. In der Bi-
bliothek wird der Bullerofen eingeheizt, und in kurz-

er Zeit ist alles in Rauch gehüllt. „Hier kann man Würste räuchern, aber nicht feiern", scherzt Heidi. Unsere begabten Männer kriegen es dann doch noch hin. Zusätzlich wird der Raum mit einer Plane künstlich verkleinert, so dass das Heizergebnis durchaus akzeptabel ist. Auch die improvisierte Tischdekoration kann sich sehen lassen. Nach der schlechten Stimmung in den vergangenen Wochen tut die harmonische Zusammenarbeit gut. Der Schmaus zum Jahreswechsel ist köstlich: Rollbraten, eine Riesenpfanne Bratkartoffeln, diverse Salate, Nachtisch, Käse, Rotwein und Jagertee. Um 24 Uhr geht es rüber in den „Stall", wo die Crew von Torre Salsa zu Sekt und Panettone eingeladen hat. Und schon ist wieder ein Jahr vorüber.

Zum Jahresbeginn gibt es eine Neuigkeit: Annemarie wird wieder die Leitung des Platzes übernehmen, nachdem die oben erwähnte neue Kraft mittlerweile fast alle Camper verärgert und wenig Motivation, Durchsetzungskraft und Selbstständigkeit gezeigt hat. „Jetzt wird der Laden wieder laufen", hoffen viele. Was die Organisation angeht, mag das stimmen. Für die Stimmung allerdings sind die Camper selbst verantwortlich. Lassen wir uns überraschen!

Was für ein Theater!

Was für ein Theater, um an Theaterkarten zu kommen! Bei einem Bummel durch Agrigento lese ich auf einem Plakat, dass in zwei Wochen „Tosca" gespielt wird. „Lass uns gleich am Theater vorbei gehen und fragen, ob es noch Karten gibt", schlage ich naiv vor. Im Foyer sitzen bereits viele Leute auf grazilen Stühlen und warten. Ein Angestellter in blauer Uniform kommt auf mich zu, fragt nach meinen Wünschen und trägt danach meinen Namen umständlich in eine ellenlange Liste ein. Im Laufe der nächsten Stunde werden die Personen aus der Liste nacheinander aufgerufen und durch eine Glastür in einen geheimnisvollen Nebenraum dirigiert. Seltsamerweise kehrt keine der Personen ins Foyer zurück. Endlich bin ich an der Reihe. In dem Separee sitzen zwei junge Damen in dicken Daunenjacken nebeneinander an einem großen Schreibtisch. Hinter ihnen steht ein Mann mittleren Alters und schaut mich über ihre Köpfe hinweg streng an. Mit einer herrischen Kopfbewegung gibt er mir zu verstehen, ich solle vor dem Schreibtisch Platz nehmen. Dann darf ich endlich meinen Wunsch vortragen: „Due biglietti per Tosca, per favore". Die Köpfe der Frauen schnellen nach hinten. Hilfesuchend schauen sie den Chef an. Der informiert mich recht unfreundlich darüber, dass heute nur der Vorverkauf für Abonnenten stattfände, und ich morgen nochmals kommen müsse. Nachdem ich ziemlich betroffen in Kauderwelsch erkläre, ich sei Touristin, wohne auf einem Campingplatz in Montallegro, hätte kein Auto und könne daher morgen nicht schon wieder nach Agrigento fahren, weist der Herr seine Mitarbeiterinnen schließlich gnädig an, mir zwei Karten zu verkaufen. Die erste fragt mich, wo ich gern sitzen möchte. Leider gibt es keine Plätze in den Logen, also deute ich auf die fünfte Reihe. Daraufhin entscheidet der Aufpasser, welche konkreten Sitze mir die zweite Dame zuweisen darf. Schließlich tippt sie die Reservierung für den 11.1. in den Computer ein. Als ich das Portemonnaie zücke, wehren alle drei ab und versuchen mir irgendetwas zu erklären. Leider komme ich nicht dahinter, um was es geht. Niemand spricht Englisch oder Deutsch oder versteht es, mir durch Gesten oder einfache Wörter die Situation klar zu machen. Uns ist schon öfter aufgefallen, dass die Sizilianer hierzu kein Talent haben. Gibt es Verständigungsprobleme, wiederholen sie das Gesagte lediglich langsamer und lauter. Sie greifen nicht zu Gesten oder Umschreibungen, die den Sinn, vielleicht ein wenig überzeichnet, verdeutlichen. Also ziehe ich frustriert und ratlos ab. Mit einer ausladenden Geste zeigt der Mann auf eine Tür seitlich hinter ihm. Als ich durch diesen Nebeneingang ins Freie trete, stoße ich fast mit Peter zusammen, der sich in der Gasse ein wenig die Füße vertritt. Am Vorstellungstag erscheinen wir sicherheitshalber eine Stunde früher, in der Hoffnung, dass alles geklappt hat und wir die Karten auch bekommen. Wieder erfolgt eine bürokratische Prozedur, aber schließlich halten wir unsere überraschend preiswerten Biglietti – 16 Euro pro Stück – in Händen.

Meine Hartnäckigkeit hat sich gelohnt. Allein der Theaterraum ist einen Besuch wert. Auf drei Etagen umrunden die Logen den relativ kleinen Raum. Roter Samt, Goldbrokat, Stuck, Bordüren, Schleifen. Man fühlt sich in eine Operettenwelt versetzt. Die Logen sind fast alle leer. Wie man es aus Filmen kennt, sind sie fest an führende Familien vermietet. Auch im Zuschauerraum gibt es freie Plätze. Die wohlfrisierten und gepflegten Damen zeigen ihren Wohlstand in Form von Pelzmänteln oder -kragen, Brillanten und Perlen. Die meisten Herren tragen dunkle Anzüge, einige aber auch rustikale Pullover. Der Altersdurchschnitt dürfte jenseits der 65 liegen. Mit seinen feinen, kühlen Gesichtszügen und den grauen, streng zurückgekämmten Haaren wirkt einer der Herren besonders distinguiert. Als er seiner Begleitung zulächelt, beeinträchtigt eine riesige Zahnlücke die Erscheinung doch erheblich. Alles geht sehr diszipliniert und ruhig zu. Es gibt keine Garderobe und keinen Pausensekt. Die Aufführung selbst erinnert in der übertriebenen, theatralischen Darstellung fast an einen Stummfilm. Kräftige, manchmal fast gellende Stimmen. Nach jedem Akt wird eine kleine Pause gemacht, in der die Zuschauer jedoch sitzen bleiben. Der zweite Akt ist nach zwei Stunden vorüber, und wir machen schlapp. Als wir wenig später in unserem Lieblingsrestaurant sitzen, sind wir uns einig: Der Besuch des Theaters war nicht nur ein musikalischer Genuss, sondern vermittelte auch interessante Eindrücke. Wieder ein kleines Mosaik in unserem Sizilien-Baukasten.

Die Tage plätschern dahin

Bis auf den einmaligen Dauerregen ist das Wetter in dieser Saison außergewöhnlich gut. Tagsüber nie unter zwanzig Grad, nachts um die zehn Grad, sonnig, wenig Wind. Sehr oft können wir draußen frühstücken. Besonders hartgesottene Camper baden sogar noch. Nachdem wir unsere Erkältung glücklich hinter uns haben, wagen wir das jetzt allerdings nicht mehr. Das Meer ist jeden Tag anders. Von tintenblau über beige bis smaragdgrün. Sanfte Wellen, kräftige Brandung, unruhige Schaumkrönchen oder ruhige, glatte See. Am Strand sammeln wir Treibgut und verarbeiten es zu „Kunst am Strand (KAST)". Imposant ragt das Gebilde in den Himmel. Pendel aus Holz halten es in einem fragilen Gleichgewicht. Der Wind spielt mit Schnüren, Plastikflaschen und Badeschuhen. Tägliche Veränderung: Wind und Meer zerstören, Strandspaziergänger ergänzen oder modifizieren das Werk.

Unsere Abende sind ausgefüllt mit der Arbeit an unserer neuen Multivisionsschau „Polen". Neben dem Reisen hat dieses Hobby sicher dazu beigetragen, dass wir nach unserer aktiven beruflichen Zeit nicht in ein Loch gefallen sind. Außerdem hält es unsere Beziehung wach. Wir arbeiten zusammen, streiten in diesem Zusammenhang auch viel, lachen und freuen uns zum Schluss gemeinsam über das Ergebnis.

Hell steht der Vollmond am Himmel. Robert, der Sternengucker, hat sein Teleskop aufgebaut. In seiner sympathischen, ruhigen Art erzählt er uns von Sirius, Saturn, Orionnebel, Kassiopeia und Merkur, dem Schlingel, der in ein paar Tagen unter der Venus stehen wird. Meinen Blick durchs Teleskop begleiten zwiespältige Gefühle. Ich schwanke zwischen Faszination und Unbehagen. Der Mond nicht mehr als romantische silberne Scheibe, die ein helles Band auf die ruhige See wirft, sondern als abweisende Oberfläche mit Pickeln und Narben. Ehrfurcht ergreift mich angesichts der Dimensionen und des Zusammenspiels der Kräfte. Aber auch Angst kriecht in meine Seele. Wie verloren doch der Mensch bei seiner Stippvisite in Raum und Zeit ist.

„Habt Ihr schon mal das Fischmenü in der Fattoria probiert?", fragt später Hans und leckt sich in Erinnerung an das leckere Essen die Lippen. „Ihr müsst aber Appetit mitbringen", warnt er uns noch. Er hat völlig recht. Mit dreizehn verschiedenen Antipasti, zwei Nudelgerichten, einer Platte mit Fisch und Meeresfrüchten und zwei kleinen Desserts sind sogar wir „Fressbären" überfordert. Gern verbinden wir einen langen Spaziergang am Meer mit einem Mittagessen im Strandrestaurant Garibaldi.

Etwa fünf Kilometer sind es bis zu dem großen, einfachen Holzgebäude mit Plastikbestuhlung und Plastikplanen als Windschutz. Ein Aufenthalt dort veranlasst mich immer zu dem Seufzer „Mehr geht nicht!", denn man sitzt direkt am Meer und die Spaghetti alla Norma sind ein Gedicht. Die Tomatensauce aromatisch, die Auberginenstücke auf den Punkt frittiert und der Ricotta schön sahnig. Und auch Peter scheint es zu schmecken, denn immer wieder lässt er ein „Mmh" hören und schaut dabei nach oben, so als wolle er höheren Kräften für dieses delikate Mahl danken. Das Rauschen der Wellen, die leichte Brise, der fantastische Seeblick, das vorzügliche Essen, unsere Zweisamkeit – all das macht uns glücklich. Auch ein Firstclass-Ambiente könnte das Glücksgefühl nicht vergrößern. Eine Steigerung von glücklich gibt es nämlich nicht. Der Rückweg mit vollem Bauch und nach dem Genuss von einem Viertel Wein ist dann allerdings stets etwas beschwerlich.

Diesmal fahren wir mit dem Roller zum Restaurant. Denn wir wollen vorher das nahe Eraclea Minoa besichtigen. Eigentlich handelt es sich um ein archäologisches Kleinod – es wurden Reste einer griechischen Siedlung ausgegraben – aber es macht einen erbärmlichen Eindruck. Über das Amphitheater wurde ein Dach installiert, angeblich zum Schutz des Kulturdenkmals. Wahrscheinlich hat sich aber auch nur wieder jemand eine goldene

Nase damit verdient. Eine Investition zu tätigen ist eine Sache, die jahrelange Pflege derselben eine andere. Das gilt besonders auf Sizilien. Mittlerweile ist nämlich alles vergammelt. Es fehlen Teile im Plexiglasdach, die gesamte Konstruktion, ein Wirrwarr von Baugerüsten, ist verrostet. Lieblos werden die Ausstellungsstücke präsentiert. Da das Ganze natürlich ein EU-gefördertes Projekt ist, gibt es zumindest einige Erklärungen in englischer Sprache. Aber die Schilder sind völlig verblasst, so dass man kaum noch etwas lesen kann. Der Ausblick von hier oben ist allerdings traumhaft. Für den – und nur für den – hat sich der Besuch gelohnt.

Hin und wieder besuchen wir auch die kleine Pizzeria „Preferita" in Montallegro. Sie ist für sizilianische Verhältnisse ausgesprochen gemütlich. Wenn man den Tisch direkt an der Wand zum Pizzaofen ergattert, ist es sogar angenehm warm. Der Eigentümer des Lokals, ein sehr korrekter, höflicher Mensch, hat jahrelang in Deutschland gearbeitet und spricht akzentfreies Deutsch. Auch sein Sohn, der Pizzabäcker, unterhält sich gern mit uns, um sich wieder einmal in der Sprache seiner Kindheit zu üben. Jahre später wird er mehrmals den Titel „Worldchampion" bei den Pizzameisterschaften in Parma holen. Nach dem Essen ordern wir noch ein weiteres Viertel Wein und provozieren damit einen irritierten Blick des Padrone. Sizilianer trinken nämlich nur während des Essens Wein. Und das auch nicht immer. Oft stehen nur Wasser- oder Limoflaschen auf dem Tisch. Peter scherzt: „Ja, ich weiß, wir Deutsche sind in Sizilien als sehr trinkfest verschrien!" Der Wirt lacht, widerspricht aber nicht. Es ist das letzte Mal, dass wir ihn sehen. Ein paar Tage später hören wir, dass er in der Pizzeria noch am Abend unseres Besuch eine Herzattacke hatte, an der er gestern gestorben ist. Uns ist ganz beklommen zu mute.

Am Tag vor meinem Geburtstag backe ich Blätterteighappen und Mandelküchlein. Um 24 Uhr stoßen Peter und ich mit Schampus auf das neue Lebensjahr an. Noch müde geht es am nächsten Morgen gleich ans Werk. Lachsbrote mit Meerrettich, Schinkenschnitten mit Quittensenf, Käsebrötchen, Tomaten-Mozzarella-, Oliven-Käse-, und Salami-Zwiebel-Spießchen, selbstgebackene Butterplätzchen und andere Naschereien. Zum Sektfrühstück kommen nämlich liebgewonnene Campinggäste. Harmonisch und herzlich ist die Stimmung. Danach machen Peter und ich einen Strandspaziergang bis zum Sonnenuntergang und gönnen uns ein Abendessen mit malerischer Aussicht auf den Hafen von Sciacca. Und dann ist der Tag auch schon wieder vorüber. Schade!

Zwei Metzgereien gibt es in Montallegro. Lockenkopf nennen wir den etwas älteren Fleischer, der zweite Laden wird von einem jungen Ehepaar geführt. Heute kaufe ich dort das erste Mal ein. Die Chefin packt eine Schweineschwarte kostenlos zum Gulasch dazu. Als sie mein überraschtes und etwas ratloses Gesicht sieht, erläutert sie, die würde der Tomatensauce einen herzhaften Geschmack geben, wenn man sie nur lange genug darin köchle. In bester Absicht packe ich später im Wohmobil die Schwarte aus. Ein labberiges, fettes Etwas, das mir Gänsehaut verursacht. Zwar koche ich es tatsächlich aus, verfüttere die gallertartige Masse dann aber an die Hunde der Hazienda, die mich seitdem innig lieben. Beim nächsten Besuch hängt im Kundenraum der Metzgerei ein Lamm, das der junge Mann gerade häutet. In Sizilien geht also alles noch etwas ursprünglicher zu, was wir nach einer gewissen Eingewöhnungszeit jedoch sehr begrüßen.

Ein Haarschnitt ist dringend notwendig und so lasse ich mich von Peter beim Salon absetzen. „Ich rufe Dich an, wenn ich fertig bin. Man weiß hier ja nie, wie lange es dauert." „Okay", murmelt er und ist mit der ratternden Piaggio schon hinter der nächsten Häuserecke verschwunden. Die Friseuse ist kaum wieder zu erkennen, so schlank ist sie geworden. Auf die Frage, wie sie das denn geschafft habe, antwortet sie, sie habe lediglich die süßen Getränke weggelassen. Waschen, schneiden, strähnen, föhnen für ein Drittel des Preises in Deutschland. Aber nicht nur der Preis überzeugt, sondern auch die Qualität. Außerdem kann ich hier während der langen Strähnchenprozedur meine Fragen loswerden, denn die junge Frau spricht ausgezeichnet Deutsch.

Warum sieht man so selten Kinder draußen spielen? Sie haben bis 14.00 Uhr Schule, dann wird gegessen und nach der Siesta in Grüppchen zusammen gelernt. Werden die Mahlzeiten noch gemeinsam eingenommen? Ja, mittags und abends wird zusammen gegessen. Sind hier viele Frauen berufstätig? Zunehmend, aber es ist immer noch ein kleiner Anteil. Warum ist die Geburtenrate in Italien so gering? Die jungen Leute finden nur schwer eine Arbeit, wohnen lange zu Hause und heiraten daher immer später.

Nachdem sich die Stimmung auf dem Platz vorübergehend entspannt hatte, eskaliert sie dann doch noch. Auch die sehr engagierten Vermittlungsversuche von Annemarie können die Hitzköpfe nicht beruhigen. Schließlich reisen drei Ehepaare ab. Man hält es nicht für möglich, wie sich nichtige Anlässe derart verselbständigen können. Da wird gejammert, aufgewiegelt und gekeift. Missverständnis reiht sich an Missverständnis. Die Reaktionen – je nach Temperament – unversöhnlich, süffisant, intrigant, eiskalt, hart oder emotional. Ade Großzügigkeit. Ciao Verständnis. Au revoir Gelassenheit. Do widzienia Humor. Aber Bonjour Tristesse. Und das bei dieser Landschaft und dem herrlichen Wetter! Es sind alle Rentner, und sie sind doch eigentlich losgezogen um ... aber das habe ich ein paar Seiten vorher ja schon mal erwähnt.

Mosaik- und Keramikkunst vom Feinsten

Ausflug mit dem Wohnmobil zur etwa 150 Kilometer entfernten Villa Romana del Casale bei Piazza Armerina. Zuvor müssen wir allerdings die Sachen verstauen, die sich im Laufe der letzten Wochen im Fahrerhaus angesammelt haben. Kameras, Ordner, Werkzeug, Dia-Kästen, Wasserflaschen, Handtücher usw. Das dauert. Endlich, gegen 12 Uhr kann es losgehen. Wieder einmal überrascht uns die Vielfalt der Landschaftsbilder Siziliens. Diesmal säumen runde Hügel die Straße, die bis zu ihren Kuppen landwirtschaftlich genutzt werden. Die Saat ist schon aufgegangen und überzieht alles mit einem frischen, saftigen Grün. Vorbei an riesigen Artischockenfeldern. Majestätisch ragen die Früchte aus dem gezackten Blätterwerk. Kakteen zu Hunderten in Reih und Glied gepflanzt. Aus ihren Früchten werden Marmelade und Likör produziert. Und dazwischen überall Nickender Sauerklee, der mit seinem leuchtenden Gelb großflächige Akzente in das Braun und Grün der Äcker setzt. Inmitten der Felder sind Steine aufgehäuft, die wie Schorf aus dem sonst so harmonisch-sanften Landschaftsbild herausragen. Die üppige Pracht einer Bougainvillea überwuchert mildernd den Verfall eines Gebäudes, das wie ein Fremdkörper aus dem Purpurrot herausragt. Am späten Nachmittag kommen wir endlich an. Der topfebene Parkplatz ist wie geschaffen für eine ruhige Übernachtung. Wir stehen hier völlig allein. Leider ist die empfohlene Pizzeria geschlossen, so dass ich noch schnell ein Risotto in der Bordküche zaubere. Jahre später werden wir noch einmal diesen berühmtesten Schatz des römischen Siziliens besuchen und entsetzt sein über den Rummel mit Souvenirbuden und Schifferklavier. Nostalgisch werden wir uns erinnern: „Weißt du noch, wie ruhig es damals hier war? Ganz allein standen wir auf dem riesigen Parkplatz."

Gleich um 9 Uhr am nächsten Morgen starten wir die Besichtigung. Erst gegen 11 Uhr kommen zwei weitere Paare, so dass wir in aller Ruhe die beeindruckende Mosaikkunst bestaunen können. So etwas haben wir noch nicht gesehen! Auf über 3500 Quadratmetern werden Geschichten aus der Mythologie und von der Jagd erzählt. Kunstvolle Ornamente, Früchte, Löwen, Tiger, Gazellen, der muskelbepackte Herkules und erotische Szenen. Rank und schlank die berühmten Bikini-Mädchen. Nur fünf Jahre sollen laut Reiseführer die Künstler gebraucht haben, um diese fantastischen Bilder zu schaffen. Man vermutet, dass es afrikanische Handwerker waren. Wissenschaftler gehen davon aus, dass ein hoher römischer Staatsbeamter den Prunkbau im 4. Jh. n. Christus bauen ließ. Neben öffentlichen Räumlichkeiten und einer Therme mit Pool und Fußbodenheizung gibt es zahlreiche Zimmer für den Hausherrn und die Dame des Hauses sowie für die Gäste. Wir können Restauratoren bei ihrer Arbeit beobachten. Mit Knieschonern hocken sie auf dem Boden und versuchen die Kunstwerke in akribischer Kleinarbeit mit Injektionsnadeln und anderen chirurgischen Werkzeugen zu überarbeiten oder wiederherzustellen.

Wieder einmal geht es durch enge Gassen, diesmal in Piazza Armerina. Eine Frau, an deren Balkon wir uns mit ca. 40 cm Abstand vorbei quälen, hängt gerade Wäsche auf. Erschrocken schüttelt sie den Kopf und schlägt entsetzt die Hände vor dem Gesicht zusammen. Leute laufen herbei. Die einen meinen, da kämen wir nie durch, die anderen versichern, das ginge sehr wohl. Es geht! Aber nur mit viel Adrenalineinschuss. Nachdem wir die enge Ortsdurchfahrt endlich passiert haben, sind wir voller Hoffnung, irgendwo einen Parkplatz zu finden, auf dem man auch übernachten kann. „Dann gehen wir heute mal eine Pizza essen. Zum Kochen hab ich jetzt keine Lust mehr." Doch daraus wird nichts. Weit und breit ist keine Ecke frei für unser Fahrzeug. Also steuern wir Caltagirone an, die Keramikstadt. Wir haben Glück und finden einen Parkplatz. Der ist zwar nicht gerade ruhig, weil im Dreieck zwischen mehreren Straßen gelegen, aber für eine Nacht durchaus akzeptabel. Am nächsten Tag machen wir einen Rundgang. Berühmtes Wahrzeichen der Stadt ist La Scala, eine steile,

142 Stufen zählende Treppe. Jede einzelne Stufe ist mit handgemalten Kacheln verkleidet, wobei sich kein Motiv wiederholt. Auch sonst beherrscht Keramik das Stadtbild: An Hausfronten, als Blumenkübel, in Galerien und Läden. Wir können nicht widerstehen, kaufen ein paar Kleinigkeiten und träumen davon, ein Bad mit diesen schönen, individuellen Kacheln zu gestalten. Zwischenzeitlich ist es empfindlich kühl geworden, und wir freuen uns auf unser mollig-warmes Wohnmobil. So wird auch heute nichts aus einem Essen im Restaurant, sondern schon bald zieht herzhafter Zwiebel- und Knoblauchduft aus unserem Fahrzeug.

Beim Kochen kommen die Gedanken wie freundliche Gäste, und ich denke an meine verstorbene Freundin, die Keramikerin. Hat sie jemals die Werkstätten auf Sizilien besucht? Sie hätte sich für die Arbeiten sicher begeistern können. Nicht für alle! Temperamentvoll hätte sie den kitschigen Touristenramsch abgelehnt. Aber ihre Fingerkuppen wären bewundernd über die handgeformten Kacheln, die filigran bemalten Tischplatten oder die imposanten Wandbilder gewandert, von einem leichten, zustimmenden Nicken begleitet. Sie hätte auf Details hingewiesen, die der Laie nicht wahrgenommen hat. Liebenswert, engagiert, talentiert, witzig, eigensinnig. Sie fehlt mir.

Das letzte Erdbeereis

In diesem Jahr beginnt die Blütenpracht schon früh. Eben noch bewunderten wir bei eisigem Wind die künstlerischen, bis zu fünfzehn Meter hohen Faschingswagen in Sciacca, und nun leuchtet schon der Frühling! Eine Sinfonie in Gelb. Sauerklee, Mimosen, Wolfsmilch, Margeriten. Wie im letzten Jahr nutzen wir den Energieschub für gründliches Reinemachen und für Reparaturen. Außerdem werden Heimreise, Arzttermine und Besuche organisiert. Und dann ist für diese Saison alles „das letzte Mal": Der Einkauf von Biogemüse auf dem Feld bei Annemarie, die Fahrt mit dem Roller nach Montallegro, der Espresso in der Bar, der Spaziergang am Strand, der atemberaubende Blick aufs Meer, die Gespräche und Scherze mit den anderen Campinggästen. Heidi und Gert schlagen vor, den Aufenthalt mit einem Gelato in Sciacca ausklingen zu lassen. Eine gute Idee!

Genüsslich schlecken wir Mandel- und Erdbeereis und blinzeln der Sonne verschwörerisch zu: „He, Schöne, scheine nur für mich und wärme mein Herz!" Im sonst verschlafenen Hafen wimmelt es von Menschen und Autos. Fischhändler, Restaurantbetreiber und Privatleute stehen auf dem Kai, die Blicke erwartungsvoll auf die herannahenden Fischerboote gerichtet. Ein Kutter nach dem anderen fährt ein. Anlegen, Zurufe. Schnell wird der Fang auf kleine Lieferwagen umgeladen und von hier direkt versteigert. Kritische Blicke, laute Verhandlungen, Eintrag in ein Buch, und eine Steige voller Fische hat den Besitzer gewechselt. Alles geht blitzschnell. Erfolglos bleiben unsere Versuche, das System zu verstehen.

Am nächsten Tag heißt es Abschied nehmen. Melancholisches Bedauern mischt sich mit erwartungsfrohem Tatendrang. Immer an der Küste entlang bis Marsala. Wenn möglich, wollen wir dort noch eine Kellereiführung machen, denn die Region ist ja bekannt für seinen jetzt wieder hervorragenden Dessertwein. Den bekanntesten Produzenten Florio finden wir auf Anhieb. Leider ist eine Führung in englischer Sprache erst für den nächsten Vormittag terminiert. Da die möglichen Übernachtungsparkplätze ziemlich ungepflegt sind und uns auch nicht sicher erscheinen, verzichten wir auf diesen Besichtigungsprogrammpunkt. Durch gesichtslose Vororte fahren wir weiter, vorbei an marokkanisch anmutenden zweistöckigen Häusern mit Flachdächern. Erice enttäuscht uns auch diesmal nicht. Bei unserer ersten Sizilienreise waren wir schon einmal hier. Spektakulär sind die kurvenreichen Straßen hinauf in das Bergnest. Sogar mit unserem Fahrzeug ist sowohl die Strecke über Valderice, als auch die Route vorbei an der Seilbahn gut zu fahren. Da die Sizilianer aber gern die Kurven schneiden und gewagt überholen, ist die Fahrt zumindest für mich doch etwas nervenzehrend. Als wir auf dem Parkplatz an der Porta Spada ankommen – man darf hier auch übernachten –, hüllt sich der Berg in Wolken. Außer schnell vorbeiziehenden Nebelfetzen sehen wir nichts. Kühl ist es jetzt hier oben. Wenig später lüften sich die Schleier und geben die Sicht frei auf ein überwältigendes Panorama. Unter uns liegt das dunkelblaue Meer, der Monte Cofano leuchtet in der Abendsonne. Wir schlendern durch die engen, gepflasterten Gassen. Mittelalter pur. Die Männerwelt kam einst gern in das Städtchen auf dem Felsen, denn es galt als Hochburg kultischer Liebesspiele zu Ehren der Göttin Venus. Erice ist das Rothenburg ob der Tauber von Sizilien und entsprechend touristisch. Doch in der Vorsaison ist es noch ruhig, und jetzt, am späten Nachmittag, begegnet uns keine Menschenseele. Das Gros der Gäste kommt am Vormittag mit dem Bus. Startpunkt für die Besichtigung ist die Porta Trapani. Von hier gehen die Besucher bis zum Dom und einmal die Via Vittorio Emanuele rauf und runter. Sehr Interessierte schauen sich vielleicht noch das Castello di Venere an. Und dann ist der Ausflug ins Mittelalter auch schon zu Ende. Mahnend ertönt die Hupe des Busses, und die Touristen kehren eilig zum Fahrzeug zurück. Beim anschließenden Mittagessen in einem Restaurant mit „cucina tipica“, fühlen sie dann schon fast südländische Leichtigkeit. Ihre Wangen sind gerötet von der sizilianischen Sonne oder vielleicht auch vom Nero d'Avola, der zum Essen gereicht wird. Am Nachmittag wartet dann schon die nächste Attraktion auf sie.

Wie immer verbringen wir die letzte Nacht am Hafen von Trapani. Wir haben aus dem Schock der Hinreise gelernt und braten für alle Fälle noch schnell Frikadellen und machen Kartoffelsalat. Aber diesmal haben wir Glück und können nach dem Auslaufen der Fähre zurück ins Wohnmobil. Dort machen wir es uns gemütlich und schnabulieren unsere Frikas. Im Fernsehen kommt schon wieder ein Klassiker: „Vom Winde verweht". Die Wetterkarte am Abend verkündet Minusgrade in Deutschland. Wir schauen uns an: „Da wären wir besser noch eine Woche auf Sizilien geblieben!" Auf Kälte und Glatteis haben wir überhaupt keine Lust. Ist unser Reisemobil überhaupt wintertauglich?

Goldtupfen

Unsere in Sizilien geträumten Wurstphantasien finden in dem hübschen Städtchen Wangen Erfüllung: Bierschinken, Kalbsleber-, Blut- und Fleischwurst. Nach einer ordentlichen Brotzeit ist uns fast ein wenig schlecht. Soviel Wurst sind wir einfach nicht mehr gewöhnt. Als wir am nächsten Morgen erwachen, umgibt uns eine eigentümliche Stille und Helligkeit. Ich schaue aus dem Fenster und rufe glücklich: „Peter, es hat geschneit, alles ist weiß!" Immer noch die gleiche ehrfürchtige, erwartungsvolle Freude, wie ich sie als Kind empfunden habe. Ist es die Reinheit, die Vollkommenheit des Weiß, das die Seele berührt? Der Schnee zaubert harmonische Formen, vereinfacht, stilisiert. Indem Details verschwinden, wird Hässliches gemildert oder sogar schön. Respektlos akzentuiert, karikiert, verlieren die Dinge ihre Bedeutung, werden ihrer Funktion beraubt, umgedeutet. Ausruhen der Sinne. Alles ist klar und einfach. Formen, Farben, Geräusche, Düfte. Kontemplation. Intensität.

Wie überwältigend dagegen der Frühling mit seiner Buntheit, dem Zwitschern und Summen und den betörenden Düften. Ein Feuerwerk für die Sinne. All die Farben, all die Vielfalt. Das junge Birkengrün zittert. Wie gut der Flieder riecht. Blütenschnee. Goldtupfen. Träume in Pink. Die Drossel singt immer neue Kompositionen, Variationen. Schmetternd, lockend, spöttisch. Die Menschen machen es ähnlich.

Unsere Multivisionsschau muss fertig werden. Am 20. April ist Premiere und es gibt noch viel zu tun. Dazu brauchen wir Platz. Also raus aus dem Wohnmobil und rein in die Ferienwohnung von Uli und Andreas! Richtig gemütlich ist es hier, mit Geschmack und Liebe eingerichtet. Doch die ersten Tage geht fast gar nichts. Ein Magen- und Darmvirus macht uns einen Strich durch die Rechnung. Immer noch nicht ganz auf der Höhe, legen wir endlich los und sind innerhalb einer Woche fertig. Entspannt können wir uns auf die Geburtstagsfeier von Andreas freuen und bei den Vorbereitungen helfen. Uli wirbelt wie immer durch Haus und Küche. Zaubert Nussecken und Torten und schmort – so ganz nebenbei – noch einen Burgunderbraten zum Mittagessen. Eine schöne Feier! Zwei Musiker sorgen für gute Stimmung, und wir schwingen das Tanzbein. Beim Rock'n Roll müssen wir passen. Froh über die Pause beobachte ich das Treiben, die gutgelaunten Gäste. Und plötzlich schleicht sich ein Quäntchen Traurigkeit in meine Seele. Wie schnell ist doch die Zeit vergangen! Unsere gemeinsamen Jahre in der Sparkasse, Ulis Hochzeit, ihre Schwangerschaft, Lenas Geburt, der Hauskauf, der 40. Geburtstag – das alles war doch gerade erst gestern. Der Rock'n Roll ist vorüber, und die Band spielt nun „Aber bitte mit Sahne". Wir stimmen in den Refrain ein und wirbeln schon wieder über die Tanzfläche. Übrigens eine gelungene Überleitung zur anschließenden Eröffnung des reichhaltigen Kuchenbüfetts!

Und dann ist es soweit: Premierentag! Wir sind ziemlich aufgeregt. Ich, weil ich eine Rede halten muss, und Peter wegen der Technik. Es kann ja immer mal etwas schief gehen. Um es vorwegzunehmen: Alles hat wunderbar geklappt. Bei so viel Unterstützung und Präsenz von guten Freunden kann ja auch nichts schief gehen. Am Abend liegen wir in unseren Betten und resümieren, sind stolz auf unser gemeinsames Werk, rufen die kreativen Stationen und den damit verbundenen Spaß und Frust ins Gedächtnis.

Wenige Tage später starten wir dann zu unserer Reise ins Baltikum.

Die dunklen Schleier reißen auf

Nach drei Monaten kommen wir nach Deutschland zurück. Die drei baltischen Staaten haben uns begeistert mit ihren interessanten Städten und eindrucksvollen Kirchen, den imposanten Schlössern und Gutshöfen. Beschauliche Dörfer, weite Horizonte und einsame Strände – all das hinterlässt Spuren in uns. Vor allem auch die in dieser Intensität lange nicht erlebte Stille. Sie dringt durch die Poren der Haut in unser Inneres. Den Reisenden erwarten im Baltikum keine Sensationen und Superlative, aber er erlebt eine Atmosphäre, die der Seele gut tut.

Nach dieser kontemplativen Erfahrung sind wir psychisch gut gerüstet für die dunklen Schleier, die uns bei unserer Rückkehr in Deutschland erwarten. Im Verwandten- und Freundeskreis gibt es traurige Ereignisse. Schwere Krankheiten und nahender Tod. Unfall und familiäre Sorgen. Depression und chronische Leiden. Wie vergänglich sind doch das Glück und das menschliche Leben. Gäbe es nicht Partnerschaft und Freundschaft und diesen wolkenlosen, spätsommerlichen Himmel, ich müsste verzweifeln. Und gäbe es nicht dieses fröhliche Kinderjauchzen und -lächeln unserer Enkel, das sich wie ein Mantel der Hoffnung um das Herz legt, ich würde resignieren. In einem Gedicht der polnischen Dichterin Szymborska heißt es: Besonderes Kennzeichen – ich begeistere mich und verzweifle. Tut das nicht jeder irgendwie?

Emotional tief bewegt starten wir also gen Süden. Atmen die Wärme und das Licht, schauen, schmecken, hören. Schneeweißer Marmor in Carrara und schwarzes Schokoladeneis in Livorno, süß und zugleich bitter. Ein altmodisches Karussell. Kinderlärmen. Hupend braust eine Vespa vorbei. Vertrocknete Sonnenblumen mit braunen, traurigen Gesichtchen. Ein Cornetto, von der Barista über den Tresen gereicht und kindlich-erwartungsvoll die Hand danach ausgestreckt. Riesige Steinpilze verströmen einen würzigen Duft. Hügel mit Mützen aus Wald.

Endlich erreichen wir das verschlafene Montallegro. Alles scheint genauso, wie es war. In der Bar Barry White schmecken die Mandelplätzchen immer noch köstlich. Die Mikrowelle dort ist nach wie vor völlig verdreckt. Marco hat unverändert Mundgeruch, und Enzo läuft immer noch am Strand seinem Bauch davon. Aber halt, einiges ist doch anders: Enzos Training scheint zu wirken. Ein paar Kilo hat er offensichtlich verloren. Trotzdem ist er der kleine, drahtige Knubbel geblieben. Mit seinen langen, lockigen Haaren kommt er mir wie eine Putte vor. Ein netter, lustiger Typ. Warum findet er keine Frau? Ist er ein Mammone? Di donne ce n´è una sola – la mamma. Es gibt nur eine Frau – die Mama. Und noch ein paar Dinge haben sich verändert: Einige Straßenabschnitte sind frisch geteert. Sie verbessern den Fahrkomfort nicht wirklich, denn fünfhundert Meter weiter klaffen noch die alten, tiefen Schlaglöcher. Der imposante Glaspalast für das landwirtschaftliche Museum ist fertiggestellt. Mal sehen, wie lange wir drauf warten müssen, dort wirklich etwas besichtigen zu können. Von unserer Kunst am Strand ist nichts erhalten geblieben. Von Menschen zerstört und entsorgt? Vom Meer weggespült? Oder unter dem Sand begraben?

Im Dorf werden wir mit Handschlag begrüßt, und Enzo scherzt, wir könnten unsere sizilianischen Pässe auf der Gemeinde abholen. Liebevoll tätschelt Vincenzes Mutter meine Wangen und füttert uns mit süßen Bonbons. Annemarie und Pino überreichen uns zur Begrüßung einen hübsch mit Weinlaub verzierten Korb voller Gemüse. Dabei albert Pino herum und imitiert den typischen Gang von Charly Chaplin. Es ist wirklich erstaunlich, wie sehr er ihm ähnelt, mit seinen schwarzen Locken, dem Schnurrbart und der knabenhaften Figur. Der freundliche und fleißige Peppino arbeitet leider nicht mehr auf der Azienda. Dafür Catalina und Eugenio aus Rumänien. Sie, eine höfliche, zurückhaltende Person, er, ein intelligenter Mann mit einer deprimierend negativen Lebenseinstellung. Mit böser Zunge kritisiert er alles und jeden, nichts findet Gnade vor seiner Kritik. Natürlich sind immer die Umstände und die anderen schuld.

Bei unserer Ankunft liegt noch staubige Trockenheit über dem Land. Seit Juni hat es nicht mehr geregnet. So gelb und vertrocknet haben wir Sizilien noch nie erlebt. Angenehme Temperaturen von um die fünfundzwanzig Grad verwöhnen uns bis in den November. Baden im Meer, Frühstück und Abendessen im Freien, Sonnenuntergang am Strand. Die See zeigt sich täglich verändert. Von tiefblau über türkisgrün bis bräunlich. Atmet mal in langen, gleichmäßigen Zügen, dann wieder in kurzen, heftigen Stößen. Ein Schwarm Möwen zieht vorbei. Lautlos. Flirrende weiße Punkte gegen den blauen Himmel. Endlich der langersehnte Regen. Nachts prasseln schwere Tropfen aufs Reisemobil. Tagsüber dann wieder sonnige Wärme. Innerhalb von nur zwei Wochen wächst ein saftig grüner Teppich über das Land. Überall sprießt und blüht es. Wir nehmen wieder unsere Gewohnheit auf, zwei Orangen zum täglichen Spaziergang mitzunehmen. Die verspeisen wir dann genüsslich am Strand. Eine angespülte Holzpalette dient als Bank. Um das Reisemobil herum tummelt sich ein kleiner Zoo. Stets nach dem Frühstück marschieren Ameisen zum Reinemachen auf und entsorgen unsere Brotkrümel. Smaragdgrün und hübsch anzuschauen die Eidechse. Beim Versuch, eine vom Tisch gefallene Weintraube zu verschlingen, renkt sie sich fast den Kiefer aus. Libellen, Tausendfüßler, Grillen und Schnecken. Und natürlich Mücken, Fliegen, Wespen und was einem sonst noch den Aufenthalt im Freien vermiesen kann. Grazil die schlanke Gottesanbeterin. Möwen, Adler, Bussarde und Falken kreisen über uns am Himmel. Rotkehlchen und Meisen erfreuen uns mit ihrem Gesang. Von den Mäusen am und im Wohnmobil sind wir dagegen weniger beglückt. Wieder einmal geht Peter mit einem Arsenal an Fallen auf Mäusejagd.

Der herzliche Empfang, die täglichen Rituale und die Kontinuität des Wandels in der Natur geben uns Trost. Wir brauchen ihn, denn wir haben die Nachricht erhalten, dass Peters Schwester von ihrer schweren Krankheit erlöst wurde und gestorben ist. Da es auf Wunsch der Verstorbenen keine Trauerfeier geben wird, raten uns ihre Töchter, in Sizilien zu bleiben. Das fühlt sich für uns nicht richtig an. Hilflos stehen wir dieser Situation gegenüber.

Wellnesstag auf Sizilianisch

„Wollen wir heute einen Beauty- und Wellnesstag einlegen?", frage ich Peter am Morgen. „Wellnesstag? Hier gibt es doch weder ein Thermalbad noch ein Beauty-Center", gibt Peter zu bedenken. „Na, dann lass dich mal überraschen." Los geht es mit einem Fitnessfrühstück aus frisch gepresstem Orangensaft, Tomaten-Mozzarella-Brötchen und Kaffee. Mit Power-Walking und Yoga am Strand wird der Kreislauf angekurbelt. Dann rein in die Fluten. Wavejumping. Schwimmen und Aquarobic kräftigen die Muskulatur. Anschließend ein Bodypeeling mit feinem Meeressand und Entspannung im Whirlpool der sich brechenden Wellen. Gleichzeitig Reinigung der Atemwege durch Inhalation der salzhaltigen Luft. Meditativer Blick über die See, das Auge folgt den vorbeiziehenden Wolken. Ommm … Wie eine Fußreflexzonenmassage wirkt das Gehen im Sand und auf den Felsen. Luftbad inklusive Solarium. Zurück im Reisemobil Gesichtspeeling (ein Teelöffel Zucker mit etwas Sahne) und Fruchtsäure-Behandlung (zwei ausgepresste Zitronen). Maniküre, Pediküre. Fuß- und Handpackung mit Olivenöl. Nach dem Duschen und Cremen wie neugeboren. Knackig-gesunder Zwischenimbiss aus Bio-Salat mit erst vorgestern gepresstem Olivenöl und einer gestern selbst gepflückten Bio-Orange. Mittagsruhe im Wärmeraum (im Schatten vor dem Wohnmobil). Danach noch mal Southern-Walking inklusive Wassertreten nach Geib. Schokoladenpackung von innen (heiße Schokolade). Fußnägel lackieren, Haare frisieren. Spritztour mit dem Roller nach Montallegro. Dort flanieren auf dem Corso. Zum Abendessen gibt es Fisch im Gemüsebett, knuspriges Weißbrot und ein Glas Wein. Zum Ausklang des Tages lese ich Peter aus meinen Memoiren vor. Sein melodisches Schnarchen ersetzt die Entspannungsmusik. Langsam drifte auch ich ab ins Traumland.

Etwas Polemik sei erlaubt

Gleichförmig ziehen die Wochen ins Land, ohne dass es uns auch nur einen Tag langweilig wird. Im Gegenteil, zum Ende des Aufenthaltes werden wir resümieren: „Wir haben wieder nicht alles geschafft!" Ruhig ist es diesmal hier. Meine Befürchtung, die schlechte Stimmung und die Streitigkeiten der letzten Saison könnten sich wiederholen, waren unbegründet, denn nach der kräftigen Preiserhöhung zieht es nur noch wenige Camper hierher. Sehr schnell spricht sich herum, wo die meisten abgestiegen sind und, dem Herdentrieb folgend, treffen sich nun alle auf dem neuen und komfortablen Platz bei Ragusa. Wir verspüren keine Lust, dem Trend hinterherzulaufen.

Immer wieder gibt es Gerüchte, der Stellplatz auf Torre Salsa solle geschlossen werden, man wolle sich auf die Vermarktung der Appartements konzentrieren. Regelmäßig fährt die Mehrheitseigentümerin aus Palermo vor, um nach dem Rechten zu schauen, ehrfurchtsvoll von allen „die Signora" genannt. Reserviert, fast hochmütig wirkt die ältere Dame. Aber was ist das? Heute winkt sie uns zu, als wir mit dem Roller an ihr vorbeifahren. Im offenen Kofferraum ihres Wagens stehen diverse Ordner aufgereiht in einem Karton. Hat sie überhaupt eine Beziehung zu ihrem Besitz, oder ist er nur ein

Abschreibungsobjekt? Die Strategie ist unklar, Wirtschaftlichkeitsberechnungen scheint es nicht zu geben. Oder sind es solche, die wir mit unserer Denkweise nicht nachvollziehen können? Der Blick hinter die Dinge ist schwierig auf Sizilien, wenn nicht gar unmöglich. Wir merken, dass die unklare Situation auch Annemarie belastet. Sie war die Frau der ersten Stunde, der Stellplatz ist ihr „Baby". Tapfer philosophiert sie: „Alles ändert sich, so ist das Leben. Ich habe mich verändert, die Signora hat sich verändert, und die Camper haben sich auch verändert!" Eine Frau mit viel Herz. Aber es ist ihr lieber, wenn das keiner merkt.

Trotz der geringen Gästefrequenz auf dem Stellplatz gibt es eine Reihe unterschiedlicher Kontakte. Begegnen wir Langweilern und Besserwissern, nehmen wir die Prüfung an. Als Buße für was auch immer. Wahrscheinlich verklären die Jahre lediglich meine Erinnerung, aber mir scheint, in unserer Jugend hätten wir anders kommuniziert. Ehrlicher, liebevoller. Und vor allem interessanter. Nächte, in denen eine hitzige Diskussion der nächsten folgte. Argumente, Gefühle, Gedanken, Ängste, Träume. Hineingeworfen in die Runde. Aufgefangen. Jonglage, hoch und höher. Zugespielt. Wie beglückend! Weiterführend. Bereichernd. Wie langweilig dagegen heutige Gespräche. Statisch, egoistisch. Ohne Neugier auf den Anderen, auf seine Lebensgeschichte, Erfahrungen, Erlebnisse, Ansichten. Nur darauf bedacht, die eigenen Abenteuer, Leistungen und Meinungen von sich zu geben. Epidemisch breitet sich die Krankheit aus. Erstickt lebensvolle Augenblicke, Gemeinschaft und Interesse schon im Keim. Was passiert da? Stopfen sich die Menschen mit den unterschiedlichsten Eindrücken so voll, dass sie sozusagen an einem geistigen Dauerdurchfall leiden? Das andere Extrem wäre geistige Verstopfung. Wird nun das, was eigentlich innere Freude und intellektuelle Anregung bringen sollte, genauso üppig und unvernünftig konsumiert wie Speis und Trank? Droht der Kommunikationsinfarkt? Restless Words, die auf der Seele kribbeln? Wortstau? Zu viel reden mit zu wenig Sinn? Sprachliche Inkontinenz?

Aber es geht auch anders. Glücklicherweise. Heide und Lydia sind ein Beispiel. Freundlich und offen sprechen sie uns an, mit sympathisch rheinischem Klang in der Stimme. Beide sportlich-modern gekleidet, schlank und jugendlich. Heide der sachliche, Lydia der extravagante Typ. Sie leben wie wir im Reisemobil, haben Job und Praxis aufgegeben und ihren Ruhestand ein paar Jahre vorgezogen. Kaum sitzen wir bei einer Tasse Kaffee zusammen, sind wir auch schon in angeregte Gespräche vertieft, aus denen uns erst unsere knurrenden Mägen reißen. Temperamentvoll begrüßt uns Carlos, dessen schönen Augen ich sofort erliege. Erwartungsvoll blickt er mich an. Kokett neigt er den Kopf und schaut auf das Stöckchen vor seinen Pfoten. Peter tollt mit ihm herum, aber Carlos kriegt nie genug. Ein Kraft- und Energiebündel. Wie seine schon betagte, souveräne Freundin Bijou, eine Belgische Schäferhündin. Jahrelang haben Heide und Lydia mit den beiden trainiert und geben uns eine beeindruckende Kostprobe ihres Könnens.

Aus einer anderen Zeit scheinen Erich, Silvi und und ihr dreijähriges Töchterchen Anna zu kommen. Silvi trägt stets einen langen Rock von schwerer, grober Qualität, manchmal auch zwei übereinander. Mit derben Schuhen, einer Wollmütze und einem großen Schal, den sie um die Schultern wickelt, kommt sie über den Winter. Manchmal freundlich und interessiert, dann wieder in sich versunken und nicht ansprechbar. Zäh und drahtig wirkt Erich. Wenn er nicht gerade eine seiner langen Wanderungen oder Kletterpartien macht, bastelt er aus gesammeltem Strandgut nützliche Dinge. Einen Spielzeugherd für Anna, einen Anhänger fürs Fahrrad, Regale, Kochlöffel und vieles mehr. Das Kind, ein blondes Posaunenengelchen, läuft die meiste Zeit barfuß. Hingebungsvoll und phantasiereich spielt es mit den Dingen, die die drei in der Natur finden: Stachelschweinstacheln, Kameldorndornen, Pflanzenkugeln, Kiesel, Muscheln, Keramikscherben, von Sand und Meer bizarr bearbeitet. Überall hinterlässt die Familie ihre kreativen Zeichen und Symbole: Steintürmchen, Muschelspiralen, ein Sandpferdchen oder einen Pelikan aus einem angespülten Olivenbaumast. Am erste Abend ihrer Ankunft sorgen sie für Aufregung: Ihr kleiner, selbst ausgebauter Camper brennt! Dicke, schwarze Rauchschwaden steigen nach oben. Schnell laufen ein paar Camper herbei. Erich scheint noch nichts bemerkt zu haben, denn er sitzt völlig entspannt im Fahrzeug. „Bei Ihnen brennt's! Sollen wir Wasser holen?" rufen sie ihm zu. „Das ist doch nur mein Kohleöfchen, mit dem ich koche und heize", beruhigt Erich die Helfer in seinem wienerischen Dialekt. Erst jetzt bemerken wir das lange Ofenrohr, das seitlich aus dem Wagen führt.

Lisa und Manfred haben sich vor fünf Jahren auf Sizilien niedergelassen. Endlich machen wir es wahr und besuchen die beiden. Ihr kleines Häuschen liegt in einem Oliven- und Orangenhain und ist, völlig unüblich für Sizilien, von blühenden Pflanzen umsponnen. In einem Käfig zwitschern Vögel, und zwei Hunde beschnuppern uns interessiert. Da kommt auch schon Manfred hinter dem Haus hervor. Schelmisch sieht er aus, mit seinen freundlich-wachen Augen und der Wollmütze mit einem Zipfel, der einer Artischocke ähnelt. Drinnen stellt Lisa schon mal Kaffee auf. Sie ist korpulent, trägt einen dicken Wollschal über der langen, bunten Bluse und wirkt, als ob sie nichts aus der Ruhe bringen könne. Nur wenig haben sie aus Deutschland mitgenommen, wollten alles hinter sich lassen. Ihr Zuhause ist bescheiden, aber ideenreich und sehr liebevoll gestaltet. Peter geht mit Manfred Orangen pflücken und ist von dessen behutsamen Umgang mit den Früchten beeindruckt. Vorsichtig nimmt Manfred die Apfelsine vom Baum und schaut sie sich von allen Seiten an, bevor er sie schließlich sacht in die Kiste legt. Genauso sorgfältig geht es bei der Olivenernte zu. Lisa klärt uns über die Ölgewinnung auf. „Es ist wichtig, dass nur die gepflückten Oliven in der Presse landen. Die vom Boden machen das Öl unrein. Wir verlesen die Früchte von Hand und sortieren sehr kritisch aus. Innerhalb weniger Stunden muss die Pressung erfolgen. Das Öl wird dann gefiltert und kommt in einen Stahlbehälter. Nach zwei Monaten wird nochmals gefiltert. Viel Arbeit, aber das schmeckst du einfach!" Die beiden haben sich ein fundiertes Wissen angeeignet, mit dem sie überzeugen.

Und Mongibello raucht

Wir kennen die Insel mittlerweile recht gut, aber ein paar Sehenswürdigkeiten haben wir uns aufgespart, um dosiert neue Eindrücke suchen zu können, wenn wir das Verlangen nach Abwechslung spüren. Es ist mittlerweile November. Kühl, aber sonnig. Nach ein paar Tagen Regen ist der Himmel wieder azurblau. Spontan entschließen wir uns zu einer kleinen Rundreise, wollen endlich auf den Ätna und an die felsig-pittoreske Nordküste. Dank des Buches von Ralph Giordano „Sizilien, Sizilien" bin ich neugierig auf den Bergkoloss. Kein Reiseführer hat es bisher geschafft, meine Bedenken zu zerstreuen. Stets zögerte ich: „Eigentlich müsste man ja mal hoch, aber der Touristenrummel!" Zwischenstation ist Enna auf fast 1000 Metern Höhe. Hier waren wir schon einmal bei Regen, Nebel und Wind. Das Thermometer zeigte damals um die null Grad. Die für Reisemobile moderate Zufahrt zum Castello finden wir diesmal nicht. Also mitten durch die schmalen Gassen, haarscharf an Balkonen und Treppen vorbei. Gut, dass noch Mittagspause ist. Würden hier parkende Autos stehen, kämen wir nicht durch. Peter nimmt es gelassen, kurvt entspannt durch die engen Häuserschluchten. Ich dagegen bin verkrampft und halte jedes Mal die Luft an, wenn das Fahrzeug wieder mal nur knapp an einer Laterne vorbeirollt. Endlich kommen wir oben an. Wieder ist es ungemütlich kalt. Wo habe ich bloß die Handschuhe verstaut? Aber wir werden mit einer herrlichen Aussicht belohnt. Heftiger Sturm weckt uns in der Nacht. Unser Reisemobil schwankt bedenklich. Also, raus aus den Betten und in den Windschatten der Burg fahren.

Am nächsten Morgen nehmen wir die uns bekannte Umgehungsroute hinunter Richtung Autobahn. Sperre nach zweihundert Metern wegen Bauarbeiten. Die Umleitungsstraße, der wir nun wohl oder übel folgen müssen, wird immer enger und mündet schließlich in einem Knäuel von kleinen, nach allen Seiten abzweigenden Gässchen. Links und rechts parkende Autos, Fahrzeuge vor und hinter uns. Aus mehreren Seitenstraßen zwängen sich weitere Wagen dazwischen. Nun geht gar nichts mehr. Ich steige aus, frage den Fahrer hinter uns: „Autostrada?", zeige in alle Richtungen und zucke mit den Schultern. Er hat unser Dilemma wohl verstanden und antwortet mit einem Redeschwall. Als er mein verständnisloses Gesicht sieht, wiederholt er das Ganze, jetzt allerdings lauter. Irgendwie entnehme ich dem Palaver, dass wir ein Stück vorrollen sollen, um ihn vorbeizulassen. Er würde dann bis zur Autobahn vorausfahren. Und so geschieht es. Noch zwei, drei heikle Engpässe, dann sind wir wieder auf einer „zivilisierten" Route. Immer wieder begegnet uns auf Sizilien diese ganz selbstverständliche, ungezwungene Hilfsbereitschaft.

Schon von weiten kann man ihn sehen. Ganz klar hebt sich heute seine schon schneebedeckte Spitze vom blauen Himmel ab, von einer Rauchwolke umgeben. Der Ätna oder Mongibello, wie ihn die Sizilianer nennen. Mongibello leitet sich aus dem italienischen (monte) und arabischen (djebel) Wort für Berg ab, heißt also eigentlich Berg der Berge. Über 3300 m ist er hoch und vulkanisch sehr aktiv. Wir fahren die Autobahn bis kurz vor Catania. Blicken auf Orangenhaine, Baumschulen, Oliven- und Obstbäume. Saftig grün. Dann weiter Richtung Nicolosi und durch quälend enge, verkehrsreiche Städtchen. Kurz vor Mittag, Hochbetrieb. Endlich außerhalb städtischen Treibens. Hinauf zum Ätna, von Süden her, auf der neuen, breiten, von Schneestangen gesäumten Straße. Mauern aus Lavasteinen statt Leitplanken. Liebesglück und -leid darauf verewigt: „Simone, ich liebe dich." „Giuliana, komm zurück zu mir." „Maria hat eine unglaubliche Figur." Fünfzig Millionen Kubikmeter Lava, 1000 Grad heiß, wälzten sich beim Ausbruch 2001 den Südhang hinunter in Richtung Nicolosi, überfluteten Parkplätze, zerstörten die Seilbahn. Nun ist alles wieder aufgebaut. Bis zum nächsten Mal. Unter uns eine Landschaft aus grünen, bewaldeten Hügeln. Gut zu erkennen, die kleinen Nebenkrater, die, nah bei den Siedlungen, den Menschen gefährlich werden können. Links und rechts der Straße Lavafelder. Schwarz. Bedrohlich. Bizarr aufgetürmt zu Spitzen, die sich gegen den tiefblauen

Himmel abheben. Geisterschlösser. Raben. Toten-
köpfe. Dazwischen Inseln aus Schnee. Baumlei-
chen strecken ihre grauen Äste aus. Inmitten des
erstarrten Infernos wurden mutig schmucke neue
Häuschen gebaut. Daneben stehen noch die alten,
begraben unter dem glühenden Strom. Hier und da
lugt ein Dach hervor, das der steinernen Umar-
mung trotzt. Lava überall. Aus der Ferne sieht sie
aus wie frische, feuchte Erdschollen, von einem
Riesen umgegraben. Aus der Nähe erkennt man
hartes, raues, poröses Gestein. Für Jahrzehnte un-
fruchtbar. Danach aber üppiges Wachstum auf mi-
neralstoffreichem Boden. Eichen und Kastanien.
Pinien und Buchen. Das zartgelbe Herbstkleid der
Birken hebt sich filigran von der groben Steinflut
ab. Ginster, so groß wie Bäume. Den würde ich
gern zur Blüte sehen. Unser Reisemobil brummt
die Serpentinen nach oben. Zweiter Gang, mehr
geht nicht. Ein Cabrio mit offenem Verdeck überholt uns, der Fahrer dick in einen Pelz eingemum-
melt. Stetig schrauben wir uns hoch. Schließlich erreichen wir die Seilbahnstation auf gut 1900 Meter
Höhe. Enttäuschung, der Betrieb ist wegen des
starken Windes eingestellt. Klar und sonnig, aber
empfindlich kalt ist es hier oben. Unten liegt Catania und das Meer im Dunst einer Inversionswetter-
lage. Über der Ebene schwebt ein gerades Wol-
kenband, wie mit dem Lineal gezogen. Welch gran-
dioser Ausblick in der Nacht! Catania strahlt, flim-
mert, flackert. Laternen zeichnen den Straßenver-

lauf nach und geben dem Bild Struktur. Hier und dort gruppieren sich Leuchtpunkte zu Inseln. Manche Lichter strahlen heller als andere. Es ist fast wie der Blick in den Sternenhimmel.

Am nächsten Morgen hat sich der Wind gelegt und wir nehmen die erste Seilbahn. Man darf sich den Berg nicht als einen einzigen großen Gipfel vorstellen. Vielmehr ist die Vulkanregion sehr weitläufig. Es gibt drei Hauptkrater und ungefähr zweihundert Nebenkrater. Das Ende der Seilbahn liegt auf 2500 Metern Höhe. Von hier sieht man vom rauchenden Ätna nichts. Allradfahrzeuge befördern die Besucher weiter hinauf. Also mit etwa fünfzehn weiteren deutschen Touristen hinein in den geländegängigen Kleinbus. Holpernd geht es im ersten Gang nach oben. „Dort drüben liegt Taormina und ganz dort hinten Italien!" klärt uns der sizilianische Fahrer auf. Wir sind die einzigen Fahrgäste, die über den Scherz lachen. Der Berg ist riesig. Gipfel, Kuppen, Lava- und Schneefelder, so weit man schaut. Fußstapfen ziehen sich wie Perlenschnüre über die schwarze Lava. Bis auf 2950 Meter fahren wir hoch, weiter geht es derzeit nicht. Blick auf die Südspitze des Ätnas, der aus mehreren Kratern raucht. So friedlich wirkt er heute. Morgen ist er vielleicht schon wieder das feuerspeiende Ungeheuer. Ausgelassen wie Kinder lärmen die Touristen und machen Schneeballschlachten. Dann knipsen sie die obligatorischen Bilder: erst Mutti vor

Ätna und dann Papa vor Ätna. Dabei zittern sie vor Kälte in ihren viel zu dünnen Jacken. Eine Dame stakt sogar mit offenen Schuhen im Schnee herum. Wir tragen lange Unterhosen, Handschuhe, Mützen und dicke Schals und genießen die klare, frostige Luft. Lange bittet der Bergführer vergeblich, ihm zu folgen. Endlich sind alle Fotos im Kasten und die Schneeballschlachten entschieden, so dass sich nun erwartungsvolle Blicke auf ihn richten. Er verspricht uns einen kleinen Spaziergang zu einer etwas wärmeren Stelle, nämlich an den Rand eines Kraters. Gefährlich glatt ist der vereiste Schnee. Trotz fester Schuhe laufe ich wie auf Eiern. Nachdem mein Steißbein vom Rollersturz in Stettin und mein Knöchel nach der letzten Verstauchung immer noch schmerzen, kann ich mir keine weitere Verletzung leisten. Neben mir rutscht ein Mann aus und fällt hart auf den rechten Arm. Schmerzverzerrtes Gesicht. „Hast du dir weh getan?", fragt ihn seine Frau. „Nö, nö", antwortet er. Ein Indianer kennt eben keinen Schmerz. Rauch steigt aus dem Krater, und es riecht nach Schwefel. An den Steinen an seinem Rand kann man sich die Hände wärmen. Fantastische Aussicht. Um ehrlich zu sein, kann ich sie nicht so richtig genießen, denn Höhenangst steigt in mir auf. Noch weit vom Abgrund entfernt, werden meine Knie trotzdem weich. Schwindel. Peter stellt sich an den Rand des Kraters und fotografiert. „Geh nicht so nah ran! Das Gestein ist doch völlig porös und rutschig!", rufe ich ihn panisch zurück. Horrorbilder steigen in mir auf. Wie Peter im losen Lavageröll den Hang hinunterrutscht, unaufhaltsam auf die Krateröffnung zu. Wie er versucht, sich festzuhalten, aber immer wieder den Halt verliert, um dann im Krater zu verschwinden. Ich glaube, ich habe zu viele Katastrophenfilme gesehen! „Meinst du, wir können zurückgehen. Mir ist so schwindlig?", frage ich Peter leise. Von meinem Film im Kopf erzähle ich ihm lieber nichts. „Aber klar doch. Wir haben ja auch alles gesehen." Ich atme auf.

Richtung Zaffarana die steilen Serpentinen hinunter. Nicht mehr ganz so gepflegt. Auf den Parkplätzen wieder Müll. Kräftiger Bewuchs auf der hier schon älteren Lava. Schafe wirken wie weiße Kugeln auf dem schwarzen Gestein. Zahnlos lächelnd kommt der Schäfer angeschlurft, bittet um eine Zigarette. Weiter durch enge Gassen. Erste Weinreben. Milo feiert St. Martin. Dunkler Eichenwald, der immer wieder kurze Durchblicke zum Ätna zulässt. Tief hängende Äste zwingen uns, auf der Mittellinie zu fahren. Jedes Mal, wenn uns ein Auto entgegenkommt, zucke ich zusammen. Birken säumen nun die Straße, strahlen in einem unglaublichen Weiß. Dazwischen Grasbüschel und schwefelgelbe Flechten. Dann wieder eine breite Schneise der Zerstörung. Riesige Kiefern weggeknickt, begraben unter der dicken Gesteinsschicht. Beim Ausbruch 2002 ergossen sich Lavaströme sowohl den Süd-

als auch den Nordhang hinunter. Auf der Nordseite des Berges nehmen wir die weiter talwärts verlaufende Straße zwischen Linguaglossa und Randazzo. Üppiges Grün. Wein, Oliven, Obst, Gemüse. Das Terrain in Terrassen angelegt, mit Mauern aus Lavasteinen abgestützt. Gepflegte Häuser, die Fassaden in frischem Gelb oder Rosa gestrichen. Der Boden ist hier fruchtbar, aber hart. Während im übrigen Sizilien überwiegend Großgrundbesitzer ihr Land durch kurzfristig wechselnde Pächter bearbeiten lassen, gibt es rund um den Ätna viele Eigentümer kleiner Parzellen. Heute übernachten wir sehr idyllisch auf einem Weingut inmitten der Reben, mit Blick auf den nördlichen Gipfel des Ätna.

Il mare secco und mächtige Felsen

Über das Nebrodi-Gebirge in Richtung Nordküste. In der Morgensonne die Silhouette Randazzos mit seinen Kirchtürmen vor dem gleißenden, schneebedeckten Ätna. Es folgt eine Idylle wie in den Alpen. Grüne Hügel vor schroffen Bergen. Kühe, Schafe, Ziegen. Die sind wahre Kletterkünstler auf den steilen Hängen. Wir treffen den Hirten, er ist im Geländewagen unterwegs. Dann herbstlicher Laubwald, man fühlt sich wie daheim. Im nächsten Tal farnbewachsener Boden, so weit das Auge reicht. Jetzt rostrot und trocken. Abenteuerliche, kurvige Straßen schlängeln sich an Steilhängen entlang, teilweise ohne Leitplanken. Enge Schluchten. Meine Höhenangst meldet sich wieder. Inmitten der beeindruckenden Landschaft wilde Müllkippen. Etwas würdelos wirken die Korkeichen, mit ihren bis zur Hälfte geschälten Baumstämmen. Unter den Olivenbäumen liegen Netze bereit für die Ernte. Immer öfter blitzt das Meer zwischen den Bergkuppen auf. Nun ist es nicht mehr weit bis zur Küste. Malerisch liegt sie unter uns mit ihren schroffen Felsen und dem Blau der See. Zahlreiche, momentan fast trockene Flussbetten führen breit aus den Bergen ins Meer, angefüllt mit Bauschutt und alten Elektrogeräten. Hier im Norden Siziliens entspricht die Landschaft wohl am ehesten der nordeuropäischen Vorstellung von „mediterran". Pittoreske

Klippen, üppige Vegetation, herausgeputzte Städtchen. Pinien, Wein, Oleander, Zypressen, Palmen, Bougainvilleen, Kakteen.

Bei den Lagunen von Tandari legen wir einen Stopp ein. „Oh, wie schön!", entfährt es mir. Sattblau leuchtet das Meer, kleine Fischerboote tänzeln auf den Wellen. Der Strand zieht sich kilometerweit um die Bucht. Wir laufen links herum, an den steilen Felswänden entlang. Es ist ein Traum! Il mare secco – das trockene Meer! Eine breite Sandbank umschließt mehrere Lagunenseen, die unter Naturschutz stehen. Hoch oben, auf einem steilen Felsen, thront die Wallfahrtskirche Tindari. Pilger kommen dort hin, um die wundertätige schwarze Madonna zu ehren oder ihre Hilfe zu erbitten. In der sizilianischen Bevölkerung ist Heiligenverehrung stark verwurzelt. Auch abergläubische Vorstellungen haben überdauert. So wird immer noch der „Böse Blick" gefürchtet, der Krankheit, Unglück und Tod bringen kann. Wir fahren mit dem Roller hinauf, schauen uns die Madonna an, die gesagt haben soll: „Schwarz bin ich, aber schön!". Von hier oben schweift unser Blick bis hinüber zu den liparischen Inseln. Unweit der Kirche gibt es noch Reste einer antiken Stadt. Klar, die Griechen suchten sich für ihre Theater immer Standorte mit überragendem Panorama aus.

Frühe Morgenspaziergänge. Für eine halbe Stunde

tauche ich ein in eine Welt, an der alle anderen äußeren und inneren Realitäten abprallen. Über der Bucht wabert eine eigenartige Stimmung. Dem Wasser entsteigen Nebelfetzen. Das noch sanfte Licht umschmeichelt jeden Grashalm, jeden Stein. Windstille. Betörend umschmeichelt mich der würzige Duft der Kräuter. Wie Krokodile liegen dicke Äste im Wasser. Am Schilfrand steht regungslos ein Flamingo. Jetzt durchsticht eine Fischflosse kurz die Wasseroberfläche. Fast unmerklich hebt der Vogel seinen Kopf, um in der nächsten Sekunde wieder zu erstarren. Möwen kreisen und kreischen. Wie harmlos klingt dagegen das melodische Lied der Meise. Spiegelglatt stellen die Lagunen die Landschaft auf den Kopf, produzieren Doppelbilder. Doppelt schön. Kaum auszuhalten. Eingesponnen in einen Glückskokon, kehre ich zum Wohnmobil zurück. Erst nach der zweiten Tasse Kaffee bin ich bereit zur Landung in dieser anderen Wirklichkeit.

Cefalù, nach Taormina die wichtigste touristische Stadt Siziliens, gehört jetzt im November wieder den Einheimischen. Trotzdem herrscht reges Leben in den engen, gepflasterten Gassen, mit ihren hübsch restaurierten Häuschen und Kirchen. Jung und Alt sitzen auf der Piazza vor dem Dom, der von dem Normannenkönig Wilhelm II gestiftet wurde. Das gelbe Laternenlicht gibt der Szene ein ganz besonderes, fast kitschiges Flair. Wichtigste Attraktion im Sommer ist die große, feinsandige Bucht. Penibel wird der Strand dann täglich gereinigt. An den dunklen, angrenzenden Felsen bricht sich tosend die Brandung. Wasser strömt in Spalten und schießt wie ein Geysir in die Höhe. Bauarbeiter sind gerade dabei, Treppenstufen und Wege in den Fels zu pflastern. So kann man bei etwas ruhigerer See einen schönen Spaziergang entlang der Küste machen. Bleibt noch der klotzige, 270 Meter hohe Fels zu erwähnen, der steil und abweisend hinter der Stadt aufsteigt. Auf seinem Gipfel thront eine trutzige Burgruine. Drei Tage verbringen wir in Cefalù, dann haben wir genug von ihrem sauberen, nett hergerichteten Charme.

Alltag, aber jeden Tag anders

Verregneter Dezember. Wir gehen trotzdem raus.
Die Sonne lässt sich immer mal wieder blicken,
aber es ist kühl und nass. Wir nutzen die Zeit zum
Schreiben und zum Einscannen unserer Baltikum-
Dias. Peters Geburtstag feiern wir diesmal ganz ruhig zu zweit bei einem üppigen Menü, das ich ihm
zur Überraschung zaubere: Als Vorspeise eine
Broccolirahmsuppe mit Räucherlachsstreifen,
Hähnchenbrustrouladen mit Rucola und Pecorino
gefüllt, Bratkartöffelchen und Gemüsedreierlei.
Zum Nachtisch gibt es Dom Pedro, ein Milchshake
mit viel Vanilleeis und Whisky, den wir aus Südafri-
ka kennen.

Trotz des kühlen Wetters halte ich an dem Fitness-
programm fest, das ich mir gegen meine chroni-
schen und manchmal deprimierend starken Mus-
kelschmerzen zusammengestellt habe. Zehn Minuten sanftes Laufen oder schnelles Gehen bis zum
nächsten Hügel. Dort zehn Minuten Gymnastik mit
Blick über das Meer. Zurücklaufen, diesmal etwas
schneller und schließlich noch mal zehn Minuten
Gymnastik auf der Iso-Matte. Man sollte anneh-
men, nach spätestens zwei Monaten habe sich der
Ablauf in alle Körperfasern eingebrannt und sei zur
Gewohnheit, wenn nicht gar zum Bedürfnis geworden. Leider nicht! Auch heute noch versucht mich
dieser hinterhältige Schweinehund, der innere, zu

überzeugen, ich solle doch lieber noch ein Viertelstündchen weiterschlafen. Und was noch trauriger ist: Die Schmerzen sind kein bisschen besser geworden. Aber trotzdem lohnt sich die Schinderei, denn ich merke, dass ich beweglicher bin und die morgendliche frische Seeluft meiner Seele gut tut.

Heiligabend bei Kerzenschein und hübscher Dekoration mit ein paar immergrünen Zweigen. Natürlich gibt es wieder etwas Leckeres zum Essen: Grüner Salat mit Tomatenbruschetta, Schwertfisch in Zwiebel-Kapern-Sauce, Käse-Kartoffelbrei in Paprikaschote überbacken, Zucchiniröllchen und gebackene Tomate. Die Mascarpone-Joghurt-Creme verunglückt leider. Ein garantiert perfektes Ergebnis versprach die Beschreibung auf der Gelatine-Packung. Am nächsten Morgen weckt uns herrlicher Sonnenschein bei Windstille und zweiundzwanzig Grad. Wir wagen ein Bad im Meer bei sechzehn Grad Wassertemperatur oder – wenn wir ehrlich sind – einen Hüpfer ins Wasser. Auch der nächste Tag verwöhnt uns mit traumhaften Wetter, das sich dann aber, offensichtlich erschöpft von seinem Energieausbruch, für die nächsten drei Wochen wieder zurückzieht.

Unser Generator streikt und gibt den männlichen Campern auf dem Platz Anlass zu intensiver Kommunikation. Fachsimpelnd haben sie einen Kreis um das ausgebaute Corpus Delicti gebildet, so als wollten sie magische Kräfte bündeln. Im Geiste sehe ich sie um die Maschine tanzen und in Gesängen beschwören, sie möge doch wieder laufen. Doch weder fachliche Ratschläge noch gutes Zureden helfen weiter, der Generator muss in die Werkstatt. Das bedeutet für uns, dass wir alle paar Tage unsere Insel der Glückseligen verlassen und hoch auf den Stellplatz fahren müssen, um unsere Wohnraumbatterien aufzuladen. Denn ganz ohne Strom geht es eben doch nicht. Wir arrangieren uns, fühlen uns aber kaserniert. Eine wichtige Erfahrung, denn wir spüren ganz deutlich, dass ein längerer Aufenthalt auf einem Campingplatz keine Alternative für uns ist. Von mehreren Leuten wurde uns Giuseppe empfohlen. „Er ist ein Bastler, der alles wieder hinkriegt. Ihn anzutreffen ist allerdings schwierig". Wie wahr! Tagsüber arbeitet Giuseppe in einer Piaggio-Werkstatt in Agrigento, und am Abend ist er ständig unterwegs. Seine Frau zuckt nur mit den Schultern. „Zum Essen ist er ganz bestimmt wieder zurück!" Peter legt sich auf die Lauer und hat endlich Glück. Der Mann spricht ein wenig Deutsch und macht einen kompetenten Eindruck. Alles kein Problem, natürlich würde er uns helfen, meint er. In der ersten Woche baut Giuseppe den Motor auseinander und findet tatsächlich die Schadensursache. Teile müssen bestellt werden, und so verstreicht die zweite Woche. Zügig arbeitet Giuseppe in der dritten Woche an der Reparatur. Endlich, in der vierten Woche kann Peter die Maschine wieder einbauen. Ganz dicht ist sie zwar nicht, aber sie produziert wieder Energie. Eine neue Ventildeckeldichtung will Giuseppe noch nachliefern. Als die in der fünften und sechsten Woche immer noch nicht da ist, bestellen wir sie selbst bei der Hondavertretung in Catania, so dass unser Generator in der achten Woche wieder so läuft, als wäre er nie kaputt gewesen.

Zoe, einer der Hunde der Hazienda, ist verschwunden. Am Morgen versteckte sie noch Peters Schuh unter einem Busch und begrüßte uns überschwänglich. Am Nachmittag ging sie mit Gästen spazieren, verfolgte eine Spur im Wald und tauchte danach nicht mehr auf. Allen ist sofort klar, dass etwas passiert sein muss, denn die freundliche Hündin entfernte sich nie weit vom Menschen. Annemarie, Peter und ich suchen das Gelände ab. „Vielleicht hat sie sich in Stacheldraht verfangen und kommt nicht mehr frei", mutmaße ich. „Dann würde sie doch heulen!" Auch wieder wahr. Pfeifend und rufend gehen wir die Wege ab, klettern Hügel hinauf und stapfen durch das hohe Gras. Schließlich geben wir auf. Als das Tier auch am zweiten und dritten Tag nicht zurückkommt, sind wir uns sicher, dass es nicht mehr lebt. Gewissheit erhalten wir eine Woche später. Bei meiner morgendlichen Joggingrunde trifft mich plötzlich ein widerwärtiger, beißender Gestank. Brechreiz steigt in mir hoch. Trotzdem folge ich dem Geruch und finde Zoe tot im Gras liegend, mit weit geöffneten Maul und aufgeblähten Bauch. Eine weitere Woche dauert es, bis der Verwesungsgeruch nachlässt. Zwei Monate später ist Zoe nur noch ein mit Fell überzogenes Skelett ... und unsere Erinnerung an sie.

Wie Sternschnuppen leuchten immer wieder kurz interessante Leute an unserem Horizont auf. Das Apothekerehepaar aus Kempten zum Beispiel, das hundert Jahre alt werden möchte. Oder die herzlichen Stralsunder, die spürbar Freude an der herrlichen Natur empfinden. Am Strand begegnen wir einem Schweizer, der seinen neuen Bogen einschießt. Mutig setze ich mir eine Orange auf den Kopf und stelle mich in Position. „Ich beherrsche nur die Apfelversion", meint er scherzend. Seine freundliche, aus Dänemark stammende Frau ist mit ihrem dänisch gelispelten Schwyzerdytsch etwas schwer zu verstehen. Eine andere Dame, ein stiller Typ mit einem reizenden Lächeln, hat sich mit Pinsel und Malblock auf eine Klippe zurückgezogen, um die südlichen Farben in zarten Aquarellen festzuhalten. Währenddessen erzählt uns ihr springlebendiger Ehemann enthusiastisch und mit ansteckender Begeisterung von seinen Erlebnissen.

Margot und Bernd besuchen uns. Sie kommen zwei Tage vor meinem Geburtstag in Catania an, wo wir sie mit einem Mietwagen abholen. „Die beiden besuchen uns bestimmt nur, weil du 50 wirst", scherzt Peter. Zwei Jahre haben sie in Peking gelebt. Margots Berichte lassen erkennen, dass es ihnen dort sehr gut gefallen hat und sie gerne geblieben wären. Wir sind gespannt auf ihre Erzählungen. Peking! China! Eine völlig andere Welt. Wir finden es rührend, dass sie ihren Resturlaub für den Abstecher bei uns verwenden wollen. Dass sie neugierig darauf sind, wie wir hier leben und ein paar Tage unseren „Nomadenalltag" mit uns teilen wollen. Margot ist eine Freundin aus Jugendtagen. Die Schwester meiner ersten Liebe. Nach der Trennung aus den Augen verloren und später wiedergefunden. Teil meiner Wahlfamilie. Fast gleichzeitig zogen wir von zu Hause aus und mit dem Partner zusammen. Die erste eigene Wohnung. Einrichten. Kochen. So etwas verbindet. Zu viert in einem Bauernhaus am Atlantik. Lange musste sich jeder Urlaub an diesem messen lassen. Muscheln bürsten und Knoblauch schälen. Kühe vorm Haus und leere Rotweinflaschen auf dem Kamin. Gemeinsam in der Hängematte und über die Wellen. Noch heute höre ich den Ruf des Händlers am Strand: „Gigi, Beignets, Eskimo-Glace!" Unsere Partner sind nicht mehr dieselben wie damals, die Erinnerungen schon. Die beiden bringen die Sonne mit. Das Wetter, bei ihrer Ankunft noch durchwachsen, bessert sich rasch und beschert uns an meinem Geburtstag strahlend blauen Himmel. Margot zaubert einen liebevollen Frühstückstisch. Ein herrlicher Spaziergang am Strand, Kaffeetrinken mit leckerem Apfelkuchen, ein opulentes Fischmenü am Abend im nahegelegenen Restaurant – und ich bin im Club der „Fifties" aufgenommen.

Weltpolitische Brisanz

Ereignisse von weltpolitischer Brisanz schwappen nach Sizilien. Wir sitzen gerade draußen bei einer Tasse Kaffee, als ein größeres Boot unterhalb unseres Stellplatzes vorbeifährt. Peter konstatiert: „Das ist aber ein komisches Fischerboot. Es sieht so anders aus." Später wundern wir uns über eine Militärmaschine, die mehrmals über uns hinwegfliegt. Gegen Abend erfahren wir dann, dass unweit von hier in der nächsten Bucht, ein Flüchtlingsboot aus Nordafrika gestrandet ist. Die Gerüchteküche brodelt. Erst spricht man von 150, dann von 200 und ein paar Tage später von 350 Personen, die am Strand oder in der Umgebung aufgegriffen wurden. Auch in Montallegro sollen sich einige versteckt haben. Auf den ersten Blick sieht das Boot noch sehr intakt aus. In hellen Blautönen gestrichen und mit Blumen und einem Delphin liebevoll bemalt, liegt es mit starker Schlagseite am Strand. Wellen schwappen aufs Deck. Unvorstellbar, dass auf dieser Nussschale 350 Menschen übers Mittelmeer bis hierher geschippert sein sollen. Die Umgebung ist übersät mit Kleidungsstücken und Schuhen. Hinter jedem Busch ein Häufchen aus Jeans, Hemd und Strümpfen. Eilig abgestreift. Jedes Bündel ein menschliches Schicksal. Diesel- und Ölgeruch liegt in der Luft. Möwen kreischen. Sie geht das alles nichts an. Ein paar Tage später zieht die Guardia di Finanza das Boot mit einem Bagger an Land und zerstört es. Am Strand erzählt jetzt nur noch ein Trümmerberg aus Holz und Metall vom Traum auf ein besseres Leben. Von Zeit zu Zeit lässt sich ein Schwarm Möwen darauf nieder. Die Wirtschaft, vor allem der Tourismus, leidet unter dem Ansturm der Flüchtlinge. Trotzdem zeigen sich die meisten Sizilianer solidarisch mit ihnen. „Sizilien war schon immer ein Schmelztiegel. Unsere DNA ist derart gemischt, dass wir gar nicht rassistisch sein können und uns Gastfreundschaft angeboren ist." Diese Auffassung hören wir öfter.

Auf dem Weg nach Montallegro wundern wir uns. „Ist heute Sonntag? Es ist so wenig Verkehr auf der Straße." Auch an der Tankstelle gähnende Leere. „Was ist denn heute los? Es wird einem ja ganz unheimlich zumute. Haben wir irgendetwas nicht mitgekriegt?" Die Dieselzapfsäulen sind geschlossen, und weit und breit ist kein Tankwart in Sicht. „Es wird immer mysteriöser!" Wir gehen in das Gebäude, wo hinter der Kasse eine junge Frau selbstvergessen in einer Zeitschrift blättert. „No gasolio?" fragt Peter. "Nein", antwortet die Dame in gebrochenem Deutsch. „Ise Streike. Gibte keine Diesele!" Richtig! Von dem Streik der italienischen LKW-Fahrer haben wir gehört, aber dass es so schnell zu Versorgungsengpässen kommt, hätten wir nicht gedacht. Der italienische Staat löst das Problem pragmatisch, indem er damit droht, den

Streik militärisch aufzulösen.

Müllnotstand in Neapel! Nachdem die überfüllten Müllkippen geschlossen wurden, türmt sich in den Straßen der Abfall. Mit Mundschutz laufen die Menschen durch die Stadt, die Volksseele kocht. Mit Recht, denn die lukrative Müllwirtschaft folgt mafiösen Strukturen, nicht Bürgerinteressen. Allein Profiteure und Ratten begrüßen das System. Es stinkt zum Himmel. Politiker nutzen die Gelegenheit und profilieren sich durch schnelles Handeln. In ganz Italien wird nach freien Müllkapazitäten gefahndet. Auch Montallegro wird in Erwägung gezogen. Bürgerproteste. Straßendemonstrationen. In der Nacht, während die Menschen in ihren Betten von Gerechtigkeit träumen, landet ein Fährschiff mit 150 LKWs voller Müll in Porto Empedocle. Ziel der Trucks: die Müllkippe von Montallegro. Ach ja, auch Deutschland hilft dem EU-Partner aus der Klemme und entsorgt einen Teil des Abfalls. Freiwillig natürlich. Und gegen harte Euros, versteht sich.

Meisterwerke

Peter schenkt mir zum Geburtstag einen Besuch des Teatro Massimo in Palermo. Zuvor musste er allerdings gegen die Windmühlen sizilianischer Bürokratie kämpfen. Annemarie unterstützt ihn dabei nach Kräften und so überbringt er mir nach vielen Telefonaten und noch mehr Flüchen endlich die glückliche Nachricht: „Es hat geklappt! Ich habe Karten für Mephisto am 30. Januar. Gleich gegenüber gibt es ein kleines Hotel, dort übernachten wir." Glücklich gebe ich ihm einen Kuss. „Hoffentlich passt mir der schwarze Rock noch." Fünf Minuten später drehe ich mich beruhigt vor dem Spiegel. Das Laufen in den hohen Pumps muss ich allerdings wieder üben. Nur noch an bequeme Sportschuhe oder Sandalen gewöhnt, stakse ich mit dem eleganten Schuhwerk steif und unsicher durchs Wohnmobil.

Bei herrlichem Sonnenschein geht es also los. Hinter Sciacca auf die S 624, die sich teilweise dreispurig und kaum befahren zwischen weiten Feldern und Hügeln Richtung Norden schlängelt. Nur hin und wieder ist eine Ortschaft in Sichtweite. Peter schaut auf die Uhr: „Wir sind zu früh. Wenn wir nicht im Mittagschaos in Palermo ankommen wollen, müssen wir irgendwo eine Rast machen." „Lass uns an der nächsten Tankstelle einen Kaffee trinken und ein Cornetto essen", schlage ich vor. Es kommt aber keine Tankstelle mehr. Also quälen wir uns wieder mal in Fünferreihen durch die Straßen und Gassen von Palermo, quetschen uns an kreuz und quer parkenden Autos vorbei, von Rollerfahrern rasant geschnitten und von Lieferwagen abgedrängt. Nach einer Ehrenrunde finden wir das komfortable und romantische Hotel. Es bleibt noch genügend Zeit für einen kleinen Bummel entlang nobler Einkaufsstraßen und durch enge Gassen. Prächtige Hausfassaden wechseln mit schmuddeligen Hinterhöfen. Viele Gebäude sind vom Zerfall bedroht und stürzen irgendwann einfach ein. Dazwischen gibt es auch immer wieder schön restaurierte Häuser. Doch auch mit staatlicher Hilfe können sich viele Eigentümer die Sanierung nicht leisten. Zudem verschwinden Fördergelder oft in den Kassen der Mafia. Als Goethe über den Seeweg Palermo erreichte, schwärmte er: „Diese Reinheit der Konturen, diese Harmonie!" Seine Begeisterung lässt sich heute angesichts der Verkehrsdichte und des Zerfalls der Stadt nur schwer nachvollziehen.

Im Jahre 827 n. Chr. eroberten die Mauren Palermo und machten sie zur blühenden Hauptstadt. Cordoba und Bagdad sollten an Glanz übertroffen werden. 1061 begann die Eroberung durch die Normannen. In Palermo finden sich viele Beispiele der Symbiose aus normannischen und arabischen

Stilelementen. Wir klappern einige der beeindruckenden Sehenswürdigkeiten ab: Natürlich den Dom und den Normannenpalast mit der beeindruckenden Mosaikkunst in der Cappella Palatina.

„Jetzt wird es aber Zeit, zum Hotel zurück zu gehen, sonst kommen wir noch zu spät ins Theater", gibt Peter zu bedenken. Eilig machen wir uns auf den Weg. Für einen kleinen Imbiss im Hotel habe ich Weißbrot, Lachscreme, Tomaten und eine Flasche Prosecco mitgenommen. So eingestimmt, spazieren wir am Abend über die Straße hinüber zum imposanten Teatro Massimo. Im klassizistischen Stil Ende des 19. Jahrhunderts erbaut, gehört es zu den größten Opernhäusern Europas. Sogar Elefanten konnten hier Einzug halten. Zweiundzwanzig Jahre Bauzeit. Später fast genauso lang mit Brettern vernagelt! Erst 1997 wurde es nach schleppender Restaurierung wieder eröffnet. Eine breite Treppe, flankiert von Steinlöwen, führt hinauf zu der Opernburg. Die Säulen des Gebäudes, die Palmen davor und sogar die Büsche sind mit Lichterketten geschmückt. Tausende winziger Lämpchen lassen alles ringsherum erstrahlen. Der Theaterraum selbst ist gigantisch. Logen auf acht Etagen. Roter Samt und goldener Stuck dominieren. Anders als letztes Jahr in Agrigento, wo man fast nur alte Leute sah, trifft man hier auf ein gemischtes Publikum. Herausgeputzt sitzen die Damen in ihren Pelzmänteln auf den bequemen Sesseln, die Handtasche auf dem Schoß und die Hände darüber gefaltet. Bühnenbild und Inszenierung sind modern, schlicht und eindrucksvoll. Obwohl wir die Sprache nicht verstehen, können wir der Handlung gut folgen. Liebe, Verzweiflung, Verführung sind spürbar. Herzzerreißend Gretchens traurige Stimme. Provozierender Tanz, erotische Gesten, hämische Mimik. Am Ende der Vorstellung sind wir ganz aufgewühlt und lassen den Abend bei einem guten Essen und einer Flasche Rotwein ausklingen.

Auf dem Rückweg nach Torre Salsa steht noch das hübsche Bergstädtchen Monreale auf dem Programm, das mit Superlativen der Baukunst lockt. Den Normannendom mit seinen prachtvollen Mosaiken muss man einfach gesehen haben! Nur wenige Kilometer von Palermo entfernt, aber eine völlig andere Atmosphäre. Überschaubar, idyllisch, mit restaurierten Häusern und einem herrlichen Blick auf Palermo und die Bucht. Der Dom ist die größte Kirche Siziliens. Aber nicht diese Tatsache, sondern das faszinierende Innere des Bauwerks lässt uns immer wieder Laute der Bewunderung ausstoßen. Ein goldenes Zelt überspannt den Betrachter. Auf über 6000 Quadratmetern Wandfläche wird in Mosaiken die biblische Geschichte erzählt. Über allem wacht ein monumentaler Christus, dessen rechte Hand allein zwei Meter misst. „Oh, schau mal, die herrlichen grafischen Mosaikmuster an den Wänden. Keines gleicht dem anderen!" Eine schier unglaubliche Vielfalt. Später auf dem Dach des Bauwerkes: „Was für ein Ausblick! Und der idyllische Garten dort unten, mit dem Brunnen. Wie aus 1001 Nacht." Unter uns liegt der prächtige Kreuzgang. Fabelwesen, Tiere, Pflanzen und Menschen schmücken die Spitzbogenarkaden. Meisterwerke der Steinmetzkunst. Der Dom von Monreale – eine Oase der Schönheit und Ruhe.

Zarte Mandelblüten vor mächtigen Tempeln

Der Philosoph Empedokles schrieb über die Prunk-
sucht und Dekadenz seiner Zeitgenossen: „Sie essen, als ob sie morgen sterben müssten, und sie
bauen, als ob sie ewig leben wollten." An Baukunst
und Monumentalität versuchten die Inselgriechen
die Architekten ihres Heimatlandes zu übertreffen.
Eindrucksvolles Beispiel dafür ist das Tal der Tempel in Agrigento. Die beiden letzten Jahre war der
imposante Concordia-Tempel eingerüstet, so dass,
fototechnisch gesehen, eine Besichtigung für uns
unattraktiv war. Nun, aufwändig restauriert, beeindruckt er uns mit seinen vierunddreißig mächtigen
Säulen. Im 6. Jahrhundert n. Chr. wurden sie mit
Mauern verbunden, um das Bauwerk in eine christ-
liche Kirche zu verwandeln. So gestützt, trotzte der
Tempel allen Erdbeben. Erst im 18. Jahrhundert
wurden die Mauern wieder entfernt.

Zwischen den antiken Ruinen strahlen zarte Man-
delblüten und bilden einen reizvollen Kontrast zu
dem massiven Gestein. Uralte Olivenbäume wachsen aus Felsen und Gemäuer. Ihre Stämme wirken
mächtig und gleichzeitig filigran. Bizarre Formen
und Muster aus miteinander verschlungenem Holz,
verwachsener Rinde, Hohlräumen und Nischen.
Hier die hässliche Fratze, dort das Paar beim Tanz.
Entlang byzantinischer Grabhöhlen und Resten der

alten Stadtmauer schlendern wir den Hügel weiter hinauf zum Tempio di Giunone. Auf halbem Weg verführt uns ein hübsches Café in modernem Design zu einem Cappuccino und einem Stück göttlichen Mandel-Karottenkuchen. Mit gutem Vorsatz hole ich nur eine Portion für Peter. „Darf ich mal kosten?" Missmutig hält Peter mir eine Gabel voll Kuchen hin. Er mag es nicht, wenn ich von allem, was er isst, probieren möchte. „Oh, lecker", rufe ich und bin im nächsten Moment schon an der Theke, um ein Stück für mich nachzuordern.

Es dämmert bereits, als wir oben am Tempel ankommen. Der Blick über das Tal – wundervoll. Milchig-orange versinkt die Sonne am dunstigen Horizont, heute kein leuchtendes, flammendes Abendrot, sondern eine sanfte Sinfonie in Pastell. „Wir hätten Handschuhe mitnehmen sollen. Kaum ist die Sonne weg, wird es auch schon kalt." Fröstelnd vergrabe ich meine Hände in den Jackentaschen. Trotzdem warten wir die Dunkelheit ab, wollen die Tempel im Kunstlicht erleben. „Die kalten Füße haben sich gelohnt", nicke ich zufrieden. Gelb angestrahlt, scheinen die Ruinen in der Schwärze des Himmels zu schweben. Im Gegenlicht die gespenstischen Silhouetten der Kakteen und Palmen.

Der Gedanke ist verlockend!

Nach dem städtischen Leben und den monumentalen Bauwerken lassen wir die Eindrücke bei besinnlichen Strandspaziergängen nachklingen. Sonnenschein verwöhnt uns. Meisen trällern ihr melodisches Lied, und die ersten Akazienblüten brechen auf. Es wird Frühling. Das Meer ist so ruhig, dass sich sogar das Capo Bianco darin spiegelt. Das haben wir noch nie erlebt!

Bei diesem Wetter wird der freitägliche Einkauf auf dem Markt in Cattolica zum Ausflug. Wir genießen die landschaftlich schöne Strecke, das hübsche Städtchen und das laute Markttreiben. Mit frischem Gemüse voll bepackt, trinken wir schließlich einen Espresso in der Bar. Sogar die Rollerfahrt kann ich mittlerweile genießen. Peter sagt zufrieden: „Jetzt sitzt du ganz entspannt hinten drauf und zappelst nicht mehr herum. Früher wolltest du immer mitlenken und -bremsen!" Ja, ich habe mich mit Rudi, dem Roller, ausgesöhnt. Ich liebe es, den Wind zu spüren und die Landschaft an mir vorbeigleiten zu lassen. Neulich, als ich während der Fahrt die grünen Hügel, grauen Felsen, Felder und Olivenhaine betrachtete, stieg eine eigentümliche, wohlige Wärme in mir hoch. Ich glaube, ich habe Sizilien liebgewonnen.

Von verschiedenen Leuten werden wir angesprochen: „Ihr seid doch nun schon so oft auf Sizilien
gewesen, warum lasst ihr euch denn nicht hier nieder?" Könnten wir uns das vorstellen? Reizvoll
wäre es schon, aber natürlich fallen uns sofort tausend Gründe ein, die dagegen sprechen. Die
Buschtrommeln funktionieren gut, und so werden
uns diverse Häuser und Grundstücke angeboten.
Alle haben einen herrlichen Blick über das Meer,
liegen einsam mit viel, sehr viel Abstand zum
Nachbarn. Wunderbar! Aber es gibt immer einen
Haken. Heute wollen wir ein Häuschen besichtigen,
das, auf einem Hügel liegend, nach vorne die Aussicht aufs Meer und nach hinten den Blick auf die
Berge mit dem Städtchen Caltabellotta bieten soll.
Nachdem wir von der geteerten Straße abgebogen
sind, geht es kilometerweit auf einer Schlammpiste
weiter. Endlich erreichen wir das Grundstück. Die
Aussicht ist tatsächlich überwältigend. Das Gebäude sieht allerdings wenig vertrauenerweckend aus.
Um die Küstenlandschaft vor Zersiedlung zu schützen, gibt es eine gesetzliche Bestimmung, dass nur
ein Prozent des Grundbesitzes bebaut werden
darf. Daher muss man zwangsläufig mehr Land
kaufen, als man eigentlich braucht. Meist mit Olivenbäumen bepflanzt, sei das aber kein Problem,
wird uns versichert. „Nur drei bis vier Mal im Jahr
muss im Olivenhain gearbeitet werden. Dafür gibt
es Fachleute mit Maschinen, die man mieten kann
und die nicht teuer sind." Dieses Grundstück hier

oben ist „nur" 5000 Quadratmeter groß, reicht also nicht für ein Wohnhaus mit zwei Gästezimmern aus.

Wir sind schon wieder auf dem Fahrweg, als ein kleines Hündchen vor uns die Straße kreuzt und uns dann folgt. Wir halten an. Neugierig kommt es zu uns gelaufen. Kaum dem Welpenalter entwachsen, schwarz-weiß gefleckt, mit wachen, lieben Augen und völlig abgemagert. Winselnd und freundlich mit dem Schwanz wedelnd sitzt es jetzt vor uns. Sein Blick muss uns mitten ins Herz gegangen sein, denn wir nehmen den Kleinen mit, alle unsere Grundsätze außer Acht lassend. Vertrauensvoll schmiegt er sich in meine Armbeuge, streckt aber den Kopf keck nach oben und lässt die Ohren im Fahrtwind flattern. Am Wohnmobil füttern wir ihn und geben ihm den Namen „Torre", was angesichts dieses Winzlings lustig klingt. Wenn es ein Mädchen gewesen wäre, hätten wir es „Salsa" genannt. Dann beratschlagen wir. Das Hündchen schläft derweil auf dem Fahrersitz, dabei immer wieder zufrieden seufzend. So will es uns zumindest scheinen. Schließlich kommen wir überein, dass es jemandem gehören muss. Leider gehen die Sizilianer nicht immer fürsorglich mit ihren Tieren um. Oft legen sie sich im Sommer am Ferienhaus einen Hund zu, der dann in der Winterzeit sich selbst überlassen bleibt. Nachdem der Kleine ausgeschlafen hat, packen wir ihn in meinen Rucksack, nur das Köpfchen schaut noch heraus, und fahren zu Lisa und Manfred. Die beiden kennen die Besitzer des besichtigten Grundstückes und fragen telefonisch nach. Und tatsächlich, das Hündchen gehört ihnen. Bedauernd bringen wir es zurück. Die ganze Familie hat sich versammelt, und wir werden freundlich begrüßt. Am liebsten würden wir jetzt einen Vortrag über Verantwortung gegenüber Tieren halten. Aber wir sind hier nur Gast. So begnügen wir uns mit der Frage, ob der Hund krank sei, weil er so dünn ist. Als Antwort erhalten wir nur ein Achselzucken. Noch tagelang sprechen wir von Torres liebem, vertrauensvollem Blick. Wir hatten uns schon fast an den Gedanken gewöhnt, ihn aufzunehmen.

Es wird Zeit aufzubrechen

Wir verweilen schon zu lange auf Sizilien. Das ist uns aus der Episode mit Torre und der Tatsache, dass wir uns einige Grundstücke angeschaut haben, klar geworden. Die Wurzeln, die wir in Deutschland gekappt hatten, wuchsen unbemerkt nach und wollen sich nun in der sizilianischen Erde festkrallen. Höchste Zeit weiterzufahren! Gleich am Abend packe ich die Reiseführer über Ungarn aus und fange an, mich in unser nächstes Ziel einzulesen.

Nach den vielen traurigen Nachrichten im Herbst kommen nun gute aus Deutschland. Telefonat mit dem Schwager. Er klingt stabil, und eine Reise mit den Töchtern nach Ischia ist schon gebucht. Aron entwickelt sich in der Schule prächtig und Alina robbt schon durch die Wohnung. Mal sehen, ob sie uns bei unserer Rückkehr im Mai entgegenläuft. Leider fährt zur Zeit keine LKW-Fähre. Defektes Schiff oder Pleite? Genaues erfahren wir nicht. Wir stellen uns also mental auf die lange Rückfahrt ein und wollen die Tagesstrecken mit ein paar sehenswerten Abstechern verkürzen. Dann, einen Tag vor der geplanten Abreise, erzählen uns Campinggäste, dass die Fährgesellschaft Grande Navi Veloci ab dem 1. April nun auch „Camping on Board" anbietet. Das kostet zwar mehr als die unschlagbar günstige LKW-Fähre, ist aber immer noch billiger und nervenschonender, als die gesamte Strecke zu fahren. So können wir den Abschied von Torre Salsa noch ein paar Tage aufschieben. Vor dem Aufbruch hektische Betriebsamkeit. Betten frisch beziehen, Wäsche waschen und Wohnmobil putzen. Peter demontiert den selbstgebastelten Rolleranhänger und den Windgenerator. Schnell noch ein Einkauf in der Käserei und der obligatorische Friseurbesuch. Die freundliche Friseuse empfiehlt mir eine entspannende Kosmetikanwendung bei ihrer Freundin. Na gut, überredet!

Pünktlich um halb elf Uhr stehe ich am nächsten Tag vor deren Tür und werde von einer älteren Dame vertröstet, ihre Tochter käme gleich. Gegen 11 Uhr fährt diese mit quietschenden Reifen vor: „Scusi, molto traffico!" entschuldigt sie sich. Offensichtlich gehörten die Räume im Parterre des Hause zur Wohnung der verstorbenen Großeltern. Frisch tapeziert und gestrichen, aber altmodisch möbliert. Im ersten Raum eine kleine Küchenzeile und der übliche Esstisch in der Mitte. Das ehemalige Schlafzimmer, noch komplett mit Doppelbett und Spiegelschrank ausgestattet, dient jetzt als Materialkammer. In diversen Kartons sind Töpfchen und Tiegelchen verstaut. Im Dunkeln, die Läden bleiben auch im Winter geschlossen, kramt die Kosmetikerin darin herum. Der eigentliche Behandlungsraum ist die ehemalige Vorrats- oder Abstellkammer! Eine Liege und ein Stuhl, mehr geht in das Zimmerchen nicht hinein. Als ich meinen Rollkragenpulli ausziehen will, winkt die junge Frau ab. „Hm, wie will sie denn Hals und Dekolleté behandeln?" grüble ich. Zehn Minuten später bin ich froh, meinen dicken Pullover noch zu tragen. Saukalt ist es hier. Dabei hängen Heizkörper an der Wand, was in Sizilien eine Seltenheit ist. Aber sie werden zu meinem Leidwesen nicht genutzt. Im Vorraum haben sich wohl weitere Damen eingefunden, denn ich höre sie lautstark Kochrezepte austauschen. Worte wie „Mozzarella, Merluzzo, Finocchio, Olio!", dringen an mein Ohr. Nach der Ausreinigung der Haut bekomme ich eine kühlende (!) Maske und werde angewiesen, mich während deren Einwirkzeit zu den anderen Kundinnen zu gesellen. Die sitzen, als ob sie auf einen Teller Pasta warten, um den Esstisch herum. Eine ältere Frau, ungewöhnlich schlank und mit schönen, weißgrauen Haaren, erzählt mir von ihren Krankheiten. Als ich zu verstehen gebe, dass ich Deutsche bin und nur wenig Italienisch verstehe, krempelt sie zur Veranschaulichung ihren Pulli hoch, zieht das Baumwollunterhemd aus ihrer Hose und zeigt mir eine riesige Narbe. Rosa leuchtet sie zwischen ihren beiden Brüsten, die, alabasterweiß und für ihr Alter erstaunlich fest, im altmodischen BH ruhen. Soweit ich verstehen kann, ist sie Witwe und vor lauter Einsamkeit herzkrank geworden. Auf meine Frage, ob sie Kinder habe, zählt sie drei Töchter auf: eine

Lehrerin, eine Ärztin und eine Bankangestellte. Auch drei Enkel habe sie, aber da sie diese wegen ihrer Krankheit nicht betreuen könne, kämen sie auch nicht zu Besuch. Dann will sie wissen, wie viel Kinder ich habe. Meine Antwort „Keine", bringt sie ins Grübeln. Wie alt ich denn wäre? „Fünfzig? Oh, ich dachte jünger." Dann nickt sie anerkennend mit dem Kopf: „Bella." Aber das Thema ist für sie noch nicht befriedigend abgehandelt. Prüfend sieht sie mich an und fragt mitfühlend: „Problema Utero?"

Während sich die vier Damen weiter unterhalten, lausche ich dem Klang der Sprache und betrachte wieder einmal fasziniert die Gestik. Ihre Hände scheinen zu fliegen. Nur eine der vier spricht ungewöhnlich leise und ist in ihrem Auftreten sehr verhalten. Freundlich-bescheiden spricht sie mich in sehr gutem Deutsch an. Siebzehn Jahre war die Familie in Deutschland und kam erst vor zwei Jahren zurück. Plötzlich fängt sie zu weinen an. Ganz still, mit gesenktem Kopf, sitzt sie da, während ihr Tränen übers Gesicht rinnen. Interessant die Reaktion der anderen Damen. Weder wird die Traurige getröstet, noch kommt Peinlichkeit in der Runde auf. Ich meine „Unfall, neunzehn Jahre", zu verstehen, und reime mir einen Todesfall zusammen. Immer noch sitzt die etwa vierzigjährige Frau still leidend zwischen uns, sich nur hin und wieder mit einem Taschentuch über die Augen tupfend. Verstohlen wische ich mir ein Tränchen aus den Augenwinkeln und reibe dabei die kühlende Paste ins Auge, das dadurch sofort fürchterlich zu brennen beginnt. Endlich geht es mit der Kosmetikbehandlung weiter. Nach Entfernung der Maske werden die Augenbrauen gezupft. Dann folgt eine kurze, sehr kurze, Massage, natürlich nur im Gesicht, denn an den Hals kommt die Kosmetikerin wegen des Rollkragens ja nicht ran. „Finito", sagt die junge Frau und klatscht dabei in die Hände. Zwölf Euro verlangt sie für die Behandlung. Beim Abschied von der Damenrunde bleibe ich vor der Stillen stehen und frage mitfühlend: „Sie hatten einen Todesfall?" Irritiert fragt sie mich: „Nein, wieso?" „Ich dachte, weil Sie geweint haben." „Nein, ich habe nur keine Kraft mehr. Wir gehen nächste Woche wieder nach Deutschland zurück. Hier sind wir gescheitert. Wir wollten ein Restaurant eröffnen, aber in Sizilien ist nur das Wetter schön. Auch in Deutschland waren wir selbständig, und der Laden lief dort gut. Mein Mann wollte dann wieder zurück in die Heimat, also haben wir alles aufgegeben. Jetzt müssen wir wieder von vorne anfangen. Ich kann nicht mehr."

Dann heißt es Abschied nehmen von Torre Salsa. Ein letzter Spaziergang. Gierig saugen wir Farben und Formen nochmals in uns auf. Das Purpurrot des Süßklees und das leuchtende Gelb von Dornginster, Wucherblume und Kronwicke. Wie winzige Pudelmützenbommel die neongelben Blüten der Akazien. Die kräftigen Blütenstände des Ruten-

krauts neben der Zartheit der Winde und den korn-
blumenblauen Blütenlaternchen des Borretsch. Als
ob sie sich nicht mehr wohlfühlten in ihrer Haut, haben sich die Stämme des Eukalyptus aus ihrer Rinde geschält und präsentieren sich nun grau, glatt
und seidenmatt. Endlich reißen wir uns los. Wir
wollen noch ein paar Tage zusammen mit Lydia
und Heide unterwegs sein. Noch nie zuvor haben
wir das mit Reisebekanntschaften gewagt. Immer
fürchteten wir den Verlust unserer Unabhängigkeit.
Aber mit den beiden ist das Zusammensein wirklich sehr entspannt und angenehm. Mit einer gewissen gegenseitigen Zurückhaltung, Freundlichkeit und Offenheit für die Vorschläge des anderen,
finden wir immer schnell eine gemeinsame Ent-
scheidung. So fahren wir zuerst zur Therme Aqua
Pia bei Montevago, um unsere Muskeln in dem
warmen Schwefel-Magnesium-Wasser zu lockern.
Dann geht es weiter nach Porto Palo. Verschlafen
liegt das Feriendorf rund um den Hafen. Man
braucht Phantasie, um beim Anblick der geschlossenen Hotels und Restaurants sowie der vernagel-
ten Holzbars die sommerliche Betriebsamkeit zu
erahnen. Nach dem starken Regen der Nacht haben sich tiefe Pfützen auf der Hafenmole gebildet.
Kräftiger Wind fegt die Blätter des Herbstes zu kleinen Häufchen zusammen. Noch einmal ein letztes
gemeinsames Kochen, und dann ist es Zeit, Adieu
zu sagen. Bevor unsere Fähre geht, wollen wir
noch einige interessante Ziele ansteuern. Mit lau-

tem Hupen fahren wir am nächsten Morgen davon.
Wann werden wir uns wiedersehen?

Geisterstädte

Bei dem schweren Erdbeben 1968 wurde das Dorf Gibellina völlig zerstört und etwa fünfzehn Kilometer entfernt im Stil der 70er Jahre neu aufgebaut. Ein Großteil der damals für die Erdbebenopfer bereit gestellten Regierungsgelder verschwand in den Kanälen der Mafia. Die Bewohner mussten indessen jahrelang in Wellblechbaracken leben. Trotz der gepflegten Grünanlagen und weiträumigen Straßen wirkt der Ort kühl und unnahbar. Künstler haben großformatige Kunstwerke gestiftet, die, nun schon wieder teilweise verrostet und verfallen, die Plätze zieren. Gespenstisch wirken dagegen die Ruinen der alten Stadt, die zwischen malerischen Hügeln und Weinreben liegen. Auch hier wurde ein modernes Kunstwerk riesigen Ausmaßes geschaffen. Schon von weitem sieht man den fast komplett betonierten Hang. Der Bildhauer Alberto Burri ließ die Trümmer der Häuserzeilen zu mächtigen Blöcken in Beton gießen. Er folgte dabei der ehemaligen Struktur des Dorfes mit seinen Gassen und Plätzen. Streift man durch dieses Labyrinth kommt Beklommenheit auf. Diese betonierte Künstlichkeit macht das Ausmaß der Zerstörung viel stärker spürbar, als es die Ruinen jemals könnten. Am Rande dieser Interpretation des Schreckens sind ein paar zerfallene Häuser stehen geblieben. Schon hat sich die Natur einen Teil zurückerobert.

Hübsche gelbe Blumen, duftende Rosmarienbüsche und biegsame Eukalyptusbäumchen mildern Chaos, Zerstörung, Tod. Trotz Farbenpracht und Vogelsang umfängt mich eine bedrückende Atmosphäre. Hier eine abgebrochene Treppe, dort Bruchstücke einer bemalten Wand. Türen, die ins Nichts führen, Fensterflügel aus den Angeln gerissen. In den Ruinen nisten Vögel, deren Rufe mehrfach widerhallen, bis man gar nicht mehr weiß, woher der Schall kommt. Ein Rascheln und Schlagen, ein Piepen und Quietschen umgibt mich, ohne dass ich die Ursache der Geräusche erkennen könnte. Peter ist unterdessen mit der Kamera im Gewirr der Mauerreste verschwunden. Ich rufe nach ihm. Keine Antwort. Zögernd suche ich ihn in dem Labyrinth, in dem ich mich seltsam einsam, ausgesetzt fühle. „Vielleicht ist er ja schon wieder zum Fahrzeug zurückgegangen", denke ich und kehre um. Doch auch dort ist er nicht. Mein Herz klopft. „Jetzt stell dich nicht so an!", schimpfe ich mit mir selbst. „Du bist doch sonst kein Hasenfuß. Eigenartige Stimmung? So ein Quatsch!" „Wo warst du denn?" fragt Peter plötzlich dicht hinter mir. „Ach, mir war kühl, da bin ich zurückgegangen."

Wir übernachten auf einem Parkplatz in Poggioreale. Auch dieses Städtchen wurde nach dem großen Erdbeben neu errichtet, ein paar Kilometer entfernt vom alten, völlig zerstörten Dorf. Der 70er-Jahre-

Stil ist unverkennbar: Viel Beton, nüchterne Bauweise, großzügige Straßenplanung. Nun auch schon in die Jahre gekommen, macht die Ortschaft einen maroden, trostlosen Eindruck. Altstädte sehen ja oft trotz ihrer Baufälligkeit malerisch aus, aber der Verfall dieser so modern konzipierten Kleinstadt wirkt heute nur noch trist. Schöne Parkanlagen werden nicht mehr gepflegt. Üppiges Grün überwuchert Wege und Parkbänke. Zerbrochene Statuen und verrostete Zäune. Wir finden einen großen, ruhigen Parkplatz in der Ortsmitte. Gleich gegenüber ist ein Bäcker. Aus der Backstube weht der Duft nach frischem Brot zu uns herüber. Uns läuft das Wasser im Munde zusammen. „Ich glaube, morgen früh lassen wir das Müsli mal ausfallen", schmunzle ich.

Ein Teil der Strecke von Gibellina nach Corleone ist eine Katastrophe. Tiefe Schlaglöcher und unerwartete Bodenwellen. Manchmal ist die Straße sogar auf einer Seite weggebrochen. Zweimal geht es gar nicht weiter: Vollsperrung. Die Alternative führt in großem Bogen zur ursprünglichen Route zurück. Aber die Landschaft ist grandios. Eine weite Hügellandschaft mit Olivenbäumen, Feldern und Weinbergen. Kaum Häuser. Keine Menschenseele begegnet uns. Die Landwirte leben lieber im nächsten größeren Dorf oder Städtchen. Corleone, die einstige Mafia-Hochburg, liegt spektakulär an einer Schlucht mit steil abfallenden Felsen. Außer dieser

Lage hat die Ortschaft allerdings nicht viel zu bieten. Düster und schmutzig präsentiert sich der ältere Stadtteil. Vielleicht liegt es aber auch daran, das zwischen 14 Uhr und 17 Uhr alle Geschäfte geschlossen sind. Wie ausgestorben wirkt jetzt alles. Zur Weiterfahrt ist es schon zu spät, so parken wir am Straßenrand neben einem Mehrfamilienhaus und schlafen hier überraschend gut. Beim Spaziergang am nächsten Morgen spricht mich eine ältere Dame an. Sie beweist Humor, denn sie fragt mich, ob ich zu dem kleinen Fahrzeug da vorne gehöre.

Zwischen San Vito lo Capo und Scopello

Immer wieder begeistert uns der Zingaro-National-
park. Hier gibt es bezaubernde Badebuchten und
hervorragende Wanderwege. Jetzt im Frühling ver-
wandelt sich die Landschaft in eine üppige Blumen-
pracht Obwohl wir nun schon das dritte Mal hier
sind, können wir uns nicht satt sehen an dem fantastischen Panorama und der jetzt reich blühenden
Vegetation. Dabei war bereits eine Straße durch
diese einzigartige Natur geplant und schon ein
Tunnel durch den ersten Berg getrieben worden.
Glücklicherweise wurde der Weiterbau durch mas-
sive Proteste der Bevölkerung gegen Bauspekula-
tionen verhindert und die Region 1981 zum Natio-
nalpark, dem Ersten in Italien, erklärt. Er liegt zwischen den Ortschaften San Vito lo Capo und Sco-
pello.

Diesmal ist es nicht schwer, einen freien Stellplatz
zwischen San Vito und Casteluzzo zu finden, obwohl es auch wieder Samstag ist. Bei unserem
letzten Besuch war es Mai, und der Küstenabschnitt war zu dieser Jahreszeit weiß von Wohn-
mobilen, alles Wochenendausflügler aus Palermo.
Hilfsbereit und kommunikativ wie die Sizilianer
sind, wurden wir wild gestikulierend in eine enge
Lücke eingewiesen. Kurz darauf klopfte es an die
Tür. Zwei Frauen standen davor. Die eine hielt

einen Pappteller mit einem gegrillten Steak in der Hand, die andere eine Flasche sizilianischen Rotwein. Ganz ungeniert und direkt fragten sie uns, ob sie sich unser Wohnmobil mal anschauen dürften. Als sie nach einer halben Stunde unser Fahrzeug verließen, hatten sie es eingehend inspiziert und dabei fast die ganze Flasche Wein geleert. Überschwänglich meinten sie, es sei ein fantastischer Camper und wir ein so gutaussehendes Paar. Dann wankten sie die Stufen hinunter. Eine machte noch einmal kehrt und nahm die fast leere Flasche wieder mit. Jetzt, im März, ist der Ansturm moderat. Die Kinder spielen, Papa grillt, und Mutti schneidet Brot und Tomaten auf. Am Sonntagnachmittag wird alles wieder im Wohnmobil verstaut, und ab geht's nach Hause.

Lang und kühl ist die Fahrt mit dem Roller zum Eingang Nord. Heute, an einem Montag, ist kaum ein Auto unterwegs. So tuckern wir ganz gemächlich die Küste entlang und genießen die grandiose Landschaft. San Vito erscheint uns gepflegter als bei unserem ersten Besuch. Einige neue Restaurants und Geschäfte – ansonsten hat sich nicht viel verändert. Wir decken uns mit Lebensmitteln ein und sind geschockt: Obst, Gemüse, Salat, Fleisch, Wurst – alles wird in Styropor verpackt. Beim Bummel durch das Städtchen stellen wir fest, dass viele Geschäfte noch geschlossen sind. Die Saison beginnt erst später. Doch die Vorbereitungen für den sommerlichen Ansturm laufen auf Hochtouren. Überall wird renoviert und geputzt. Vor den wenigen bereits geöffneten Restaurants stehen breitbeinig Kellner und versuchen uns zu einem Mittagessen zu animieren. Wir bevorzugen die gegenüber liegende Cafébar und lassen uns Cappuccino und diese kleinen, appetitlichen Sahnehäppchen schmecken. Der traumhafte Strand des Städtchens liegt malerisch zu Fuße des steilen Felsens, das Meer leuchtet heute türkis. Nur eine Handvoll Leute liegen im Sand. In der Hochsaison sieht das anders aus. Den Sommer verbringt der Sizilianer nämlich mit Kind und Kegel im Ferienhaus oder Appartement am Meer. Villeggiatura – ist das Wort für Urlaub, aber auch das Synonym für Gefängnis. Wenn eine Frau sagt: „Mein Mann ist im Urlaub", dann ist klar: Der Gute sitzt hinter Gittern. Denn für einen Sizilianer ist es völlig undenkbar, ohne die Familie zu verreisen. Überhaupt ist die Familie das Zentrum, um das sich alles dreht.

Grazie, mille grazie

Zum Fährhafen in Palermo ist es von hier nicht weit. Am späten Vormittag machen wir uns auf den Weg. Eigentlich ist der Hafen gut zu finden, aber leider gibt es eine wegen Bauarbeiten gesperrte Straße. Das Ausschildern einer Umleitung hielten die Verkehrsplaner nicht für erforderlich. Mit dieser Situation ist unser Navi völlig überfordert. Stoisch will er uns immer wieder auf die einmal errechnete Route zurück führen. Wir schalten ihn aus und fragen einen Polizisten. Der meint in gutem Englisch: „An der nächsten Ampel rechts, dann einfach den Schildern folgen!" „Da ist die Ampel, also rechts!", dirigiere ich Peter durch den dichten Verkehr. An der nächsten Kreuzung sehe ich im letzten Moment, versteckt hinter einem Baum, ein klitzekleines Schild „Porto". „Geradeaus!" Und dann? Kein einziger Hinweis mehr! „Das hat so keinen Sinn, wir müssen nochmal fragen", meint Peter. Kurz darauf machen wir es wie die Sizilianer und halten in zweiter Reihe. Ein Motorrollerfahrer verstaut gerade seine Einkäufe auf dem Gepäckträger. Den frage ich nach dem Weg zum Fährhafen. Wir müssten drehen, dann links durch die Unterführung und schließlich den Schildern folgen, meint er. Es sei gar nicht mehr weit. Skeptisch danke ich ihm für die Auskunft. Erst nach zwei Kilometern gibt es eine Wendemöglichkeit. Unsere Nerven sind mittlerweile gespannt wie Drahtseile. Plötzlich schießt ein Motorroller rechts an uns vorbei. Auch das noch! „Sind die denn hier völlig verrückt!", rufe ich wütend. „Guck mal, der gestikuliert, wir sollen ihm folgen", bemerkt Peter. „Ist das nicht der, den du vorhin gefragt hast?" „Tatsächlich! So ein netter Mensch!" Er eskortiert uns bis zur richtigen Abfahrt. Zum Abschied winkt er uns zu und deutet nochmal in die Richtung, in die wir fahren müssen. Mit einem langen Hupen und meinem aus dem Fenster gerufenen „Grazie, mille grazie!", danken wir ihm.

Noch ein kurzer Bummel in Palermo und eine letzte sizilianische Pizza. Mit etwas Verspätung läuft die Fähre gegen Mitternacht aus. Trotz Sturmprognosen bleibt die See ruhig, und die Tabletten gegen Seekrankheit verschwinden wieder in der Medizintasche. Träge genießen wir die Beschaulichkeit. Meer, soweit das Auge reicht. Camping-on-Board kann man übrigens nur empfehlen. Sogar für Strom und Wasser ist gesorgt. Kälte- und Kulturschock in der Schweiz. Wie jedes Jahr staunen wir über die Qualität der schweizerischen Autobahnen und der pedantischen Ordnung rund um die Häuser. Da gibt es keinen Müll am Wegrand oder ausgefranste Straßenränder wie in Sizilien. Das Holz ist sauber nach Länge sortiert am Haus gestapelt, die Rasenflächen sind gemäht und alle Häuser verputzt. Wir hatten fast vergessen, wie sich Ordnung und perfekte Organisation anfühlen und merken jetzt, dass uns beides doch ein wenig gefehlt hat. Ja, wenn man den schweizerischen oder deutschen Perfektionismus mit der Gelassenheit und Lebensfreude der Sizilianer verschmelzen könnte …

Kurz vor dem Gotthardtunnel übernachten wir an einer Seilbahnstation. Bei einem kleinen Spaziergang in eisiger Kälte entdecken wir ganz in der Nähe eine Käserei mit Gaststätte. Das Angebot an Käsesorten ist überwältigend und würziger Käsefondueduft lässt uns das Wasser im Mund zusammenfließen. „Hm, wenn ich das gewusst hätte, hätte ich mir das Kochen gespart. Schade, dass wir schon satt sind!" Bedauernd reibe ich meinen Bauch und schiele zu Peter hinüber. Vielleicht verführt er mich ja zu einem „Käsenachtisch". Viel Widerstand würde ich heute nicht entgegensetzen. Es ist so kalt und Sizilien so weit, da würde ein trockener Roter und ein würziger Käse Trost spenden. Aber heute siegt die Vernunft meines Mannes, und so bleiben mir ein schlechtes Gewissen und eine schlaflose Nacht wegen überfüllten Magens erspart. Die Fahrt durch den Gotthardtunnel ist für uns beide jedes mal ein Gräuel. Fast achtzehn Kilometer Tunnel mit Gegenverkehr. Im Hinterkopf laufen die Schreckensbilder der Katastrophe vor einigen Jahren ab, obwohl danach viel in die Sicherheit investiert wurde. Große, grüne Lichtbalken markieren die Notausgänge, hell gestrichene Wände reflektieren die insgesamt sehr gute Beleuchtung. Feuerlöscher, Notrufeinrichtungen und klare Beschriftungen. Trotzdem verfolge ich angespannt die Schilder mit den Kilometerangaben: „Wir haben schon zwölf Kilometer geschafft!", seufze ich erleichtert. Dann endlich Licht am Ende des Tunnels. Sehr helles Licht, denn es schneit! „Warum sind wir nicht auf Sizilien geblieben?", fragt Peter maulend.

Neuorientierung

Zurück in Deutschland genießen wir das Zusammensein mit der Familie und mit Freunden. Hin und wieder spüren wir, dass in einem schleichenden Prozess durch unser ständiges Unterwegssein die Verbundenheit gelitten hat, zumindest der Teil, der sich aus dem Miterleben von Alltagsdingen ergibt. Andererseits können auch Monate der Trennung nichts der Vertrautheit mit jenen Personen anhaben, mit denen wir schon immer einen starken inneren Gleichklang spürten.

Bei herrlichem Frühlingswetter brechen wir schließlich auf nach Ungarn. Wir beabsichtigen, im Herbst erstmals keinen Zwischenstopp in Deutschland einzulegen, sondern direkt weiterzufahren nach Griechenland. Dort wollen nämlich diesmal überwintern. Doch wie so oft kommt alles anders als gedacht. Zunächst werden unsere klischeehaften Erwartungen erfüllt: Wien und Budapest. Steppenlandschaft mit Ziehbrunnen. Gulasch und Paprika. Wehmütige Zigeunermusik und riesige Sonnenblumenfelder. Waghalsige Reiter und an jeder Ecke eine sprudelnde Thermalquelle. Und natürlich köstliche Salami, Tokajer und Stierblut. Danach herrliches Badewetter in Griechenland. Bis hierhin verläuft also alles noch nach Plan. Und dann kommt Kara. Die schwarz-weiße Mischlingshündin erobert unsere Herzen im Sturm. Als wir von einem Griechen erfahren, dass streunende Hunde üblicherweise im Winter von den Gemeinden vergiftet werden, können wir dieses zutrauliche Wesen nicht zurücklassen. Während der letzten zwei Wochen haben wir in der idyllischen Karathona-Bucht viel Zeit mit ihm verbracht und ihm sogar schon einen Namen gegeben: Kara, wie die Bucht und wie die italienische Vokabel für „lieb". Wie sehr das etwa sechs Monate alte Tier unser Leben verändert, erkennen wir schnell. Und wir merken, dass sich Griechenland für diese Phase der Neuorientierung nicht so gut eignet. Es gibt nur eine Handvoll Campingplätze, die über Winter geöffnet sind. Keiner von ihnen bietet die Umgebung, die für die Erziehung eines bisher frei lebenden Hundes geeignet ist. Spontan entschließen wir uns, doch wieder auf Sizilien zu überwintern. „Dort können wir am kilometerlangen Strand mit Kara üben, ohne dass wir Angst haben müssen, dass sie abhaut und womöglich noch in ein Auto rennt", argumentiert Peter. Ich stimme ihm zu, zumal ich mich schon eine ganze Weile nach der Weite und Idylle von Torre Salsa sehne. Schnell ist eine Fähre von Igoumenitsa nach Bari gebucht, und zwei Wochen später stehen wir wieder auf dem einsamen Stellplatz mit der fantastischen Aussicht. Der Platz wird aufgrund der äußerst unfreundlichen neuen Leitung nur noch von wenigen Campinggästen frequentiert. So sind wir meist allein, und die Tage plätschern angenehm ereignislos dahin. Für die nächsten drei Monate ist unsere neue Rolle als Hundehalter und Karas Erziehung das alles beherrschende Thema. Zum Ende unseres Aufenthaltes setzt eine lange Schlechtwetterperiode mit wochenlangem Regen ein. Kaum haben wir uns von einer Erkältung erholt, ziehen wir uns schon die nächste zu. Ohne groß darüber geredet zu haben, sind wir uns bei der Abreise einig, dass wir im nächsten Winter nicht wiederkommen werden.

Sardinien und Marokko sind unsere Ziele für die nächsten Jahre.

Nostalgische Rückkehr

Erst acht Jahre später, ganz plötzlich und gleichzeitig, erfasst uns beide eine heftige Sehnsucht nach Sizilien. Diesmal machen wir uns erst im Frühling auf den Weg. Ein wenig beklommen nähern wir uns Montallegro. „Vielleicht war es doch keine so gute Idee, nach so langer Zeit zurückzukehren. Wahrscheinlich wird unser Trip in die Vergangenheit nur Wehmut in uns hinterlassen", mutmaße ich skeptisch. „Erinnerung und Realität ergeben kein deckungsgleiches Bild mehr, so dass sich Enttäuschung zwangsläufig einstellen muss." Als ob wir diese Erfahrung hinauszögern wollten, entscheiden wir uns spontan für einen kleinen Umweg durch die gebirgige Landschaft. Die Straßen sind zwar miserabel, dafür ist die Strecke sehr ruhig und malerisch. Es begegnen uns kaum Fahrzeuge. Schon in den vergangen Tagen waren uns die häufigen Geschwindigkeitsbeschränkungen auf den Landstraßen und die Hupverbotsschilder in fast jeder Ortschaft aufgefallen. Früher gab es die kaum. Der ordnungspolitische Wille ist also vorhanden. Offensichtlich wird aber zu wenig kontrolliert, denn die Sizilianer rasen und hupen vergnügt weiter. Zunächst erreichen wir Cattolica. Hier sind wir oft auf dem Markt gewesen. Am späten Nachmittag kommen wir in unserem ehemaligen Winterdomizil Montallegro an. Ein bisschen aufgeregt sind wir schon. Der große Parkplatz am Ortseingang ist überfüllt und das sonntägliche Treiben noch in vollem Gang. Junge Leute sitzen auf Mauern, die älteren vor den Cafés. Andere flanieren die Straße entlang. Autos parken in zweiter Reihe, so dass kaum ein Durchkommen möglich ist. Als wir unser früheres Stammcafé „Barry White" passieren, erkennt uns Enzo, einer der Söhne der Betreiberfamilie, sofort und kommt winkend auf die Straße gerannt. „Domani!", ruft Peter ihm zu, denn wir wollen keinen Verkehrsstau verursachen. Irritiert schaut uns Enzo hinterher, denn in Sizilien ist es völlig normal, aus dem Fahrzeug heraus ein Schwätzchen zu halten.

Peter schlägt den Weg zum Strand ein. Da der Stellplatz „Torre Salsa" nicht mehr betrieben wird, wollen wir ein paar Tage auf dem Strandparkplatz von Bovo Marina bleiben. Sie begeistert uns immer noch, diese kilometerlange Dünenlandschaft. Der Wind spielt mit meinen Haaren und das alte Freiheitsgefühl kehrt zurück. „Ich hatte ganz vergessen, wie anstrengend das Barfußlaufen im Sand ist", stöhne ich. „Früher haben wir Wanderungen von zwei bis drei Stunden gemacht. Wie haben wir das nur geschafft?" „Da waren wir auch noch ein paar Jährchen jünger", entgegnet Peter und zwinkert mir dabei zu. Dass auch unser Hund mittlerweile schon zu den alten Ladies gehört, wird uns erst hier so richtig bewusst. Bei unserem letzten

Aufenthalt war er noch wild und lebhaft, gerade mal etwa sechs Monate alt. „Das war Karas Kinderstube", erinnert sich Peter jetzt. „Weißt du noch, wie wir stundenlang mit ihr am Strand gespielt und geübt haben?" „Und wie verzweifelt wir oft nach ihr suchen mussten, weil sie wieder mal einem Hasen hinterher gejagt ist?" Manchmal war ich dem Heulen nah, weil alle Erziehungsversuche offensichtlich erfolglos blieben und der Hund munter machte, was er gerade wollte. Auch heute würde er noch gerne Füchse und Möwen jagen, aber die Gelenke machen nicht mehr so mit. „Ja, ja, es geht de Hunde wie de Leit", bemerke ich auf hessisch und grinse.

Die Rückkehr nach Montallegro und zu seinen Menschen macht Vergänglichkeit spürbar. Nach acht Jahren sind die Veränderungen doch so groß, dass der Alterungsprozess deutlich wird. Nicht nur Silvio Francesco, der Bäcker, hat zwischenzeitlich graue Haare bekommen, auch wir. Lachend zeigt er auf unsere Köpfe. Vincenzo erkennen wir sofort wieder, obwohl er stark abgenommen hat. Er habe Zucker und würde daher nun keine Süßigkeiten mehr essen. So sei ein Kilo nach dem anderen gepurzelt, erzählt er uns. Auf der Straße spricht mich die ehemalige Friseurin an: „Ich habe Sie gleich erkannt. Wie geht es Ihnen?" Ihr Deutsch ist immer noch perfekt, obwohl sie nun schon so lange nicht mehr in Deutschland lebt. Ihren Salon habe sie aus

Steuergründen aufgegeben, erzählt sie uns. Lisa und Manfred, beide gesundheitlich angeschlagen, sind unverändert herzlich. Ihren Oliven- und Orangenhain mussten sie leider verpachten, weil sie ihn selbst nicht mehr bewirtschaften können. Manfred hat aber immer noch den Schalk im Nacken.

„Ich ruf´ jetzt mal Annemarie an", meint Peter und greift zum Handy. Die Allgäuerin lebt seit langer Zeit auf Sizilien. Anfänglich leitete sie den Stellplatz Torre Salsa, später wechselte sie in die Landwirtschaft, die sie mit ihrem Partner Pino noch heute betreibt. Nach mehrmaligem Läuten nimmt Annemarie ab. Die beiden sind gerade auf dem Feld. Früher sind wir oft dorthin gelaufen und haben uns mit – im wahrsten Sinne des Wortes – erntefrischem Gemüse und Salat eingedeckt. Noch heute schwärmen wir von den zarten Fenchelknollen. Vor allem immer dann, wenn wir mal wieder eines dieser halb vertrockneten Exemplare aus einem deutschen Supermarkt in Händen halten. Ein wenig zäh schleppt sich jetzt das Telefonat dahin. Bei ihnen sei alles beim Alten. „Wir arbeiten und sind gesund", meint Annemarie. Gerade vor ein paar Tagen hätten sie wieder einmal das „Chaplin-Buch", ein Geschenk von uns, durchgeblättert und dabei an uns gedacht. Den Fotoband hatten wir damals scherzhaft überreicht, weil Pinos Ähnlichkeit mit Charly Chaplin wirklich bemerkenswert war. Schmale Figur, schwarzer Lockenkopf und

Schnurrbart. Nachdem Peter ihn einmal mit Charly angesprochen hatte, ahmte der jungen Mann danach bei jedem Treffen den speziellen Gang des Komikers nach. Einmal nahm er sogar ein altes Stück schwarzen Schlauch und schwang diesen wie Charly seinen Gehstock. Gern würden wir die Beiden wiedersehen. Auf dem Feld können wir sie leider nicht mehr besuchen, weil es nur über den mittlerweile geschlossenen Stellplatz Torre Salsa erreichbar ist. Aber das Telefonat ist schon kurze Zeit später beendet, und wir schauen uns irritiert an. Annemarie hat keinen Vorschlag für ein Treffen gemacht.

In Montallegro und der Umgebung hat sich zwischenzeitlich vieles positiv verändert. Schmutzig ist das Dorf zwar immer noch, aber die Bürgersteige sind nun gepflastert und die Häuser gepflegter. Sogar Mülltrennung gibt es jetzt, wenn sich auch kaum jemand so richtig daran hält. In Meeresnähe sind sehr viele neue, schmucke Häuser entstanden. Lisa meint, die Bestimmungen seien gelockert worden. Früher durfte in Küstennähe nur maximal ein Prozent der Grundstücksgröße bebaut werden. Wie bereits erwähnt, gibt es den Stellplatz Torre Salsa nicht mehr. Er ist zwar noch in allen einschlägigen Führern enthalten, aber an der Abzweigung erläutert ein Schild, dass man bedauerlicherweise keinen Service für Camper mehr anbieten könne. Rund um das riesige Gelände sind Verbotshinweise angebracht worden: Privatbesitz, Zutritt verboten. Wir machen trotzdem einen langen Spaziergang hinauf zu „unserem" Platz. Es gibt sie immer noch, die etwas unterhalb der eigentlichen Campereinrichtung freigeschobene Stelle mitten in der Macchia mit Blick über den Strand. Dort standen wir früher monatelang. Natur pur! Jetzt folgen wir zunächst einem schattigen Pfad durch ein Wäldchen aus Kiefern, Eukalyptusbäumen und in gelber Pracht blühender Mimosen. Um einen imposant aufragenden Felsen kreisen Dohlen. Sie haben in den Höhlen des Kalkgesteins ihre Nester gebaut. Auf steilen, ausgewaschenen Wegen laufen wir weiter durch eine üppig-grüne Pflanzenwelt. Ein sanfter Wind trägt das Rauschen des Meeres zu uns. Meisen trällern ihr Abendlied, und Grillen stimmen sich ein für ihr Nachtkonzert. Weiter oben kann der Blick frei schweifen über die weite Landschaft und die heute sehr ruhige See. Trotzdem wir auf unseren Reisen viele eindrucksvolle Ecken entdeckt hatten, propagierte ich stets, der schönste Stellplatz sei Torre Salsa gewesen. Dabei hatte ich aber den Verdacht, dass ich die dortigen Aufenthalte stark erhöhte und verklärte. Jetzt bin ich wie vor den Kopf gestoßen: „So schön hatte ich es gar nicht in Erinnerung", seufze ich ergriffen. Dieses Licht! Diese Einsamkeit und Ruhe! Und wie es hier duftet! Mir kommen die Tränen. Es ist so traurig, dass außer ein paar Gästen in den völlig überteuerten Appartements niemand mehr dieses Paradies erleben darf.

Am Abend kehren wir in unserer früheren Stamm-pizzeria „Preferita" ein. Sie zeigt sich nur wenig ver-ändert. Gelb und terracottafarben gestrichene Wände, die Tischdecken passend dazu, originelle Wandmalereien. „Sie waren aber lange nicht da!", begrüßt uns der Wirt freundlich. In seinem Alter, er dürfte um die Vierzig sein, ist das Altern noch nicht so klar zu erkennen. Die wenigen feinen Fältchen, die sich jetzt um seine Augen ziehen, sind kaum wahrnehmbar. In fließendem Deutsch erzählt er uns, seine Kinder seien jetzt auch schon ziemlich groß. „Die Pizzeria läuft gut, sie ernährt die Fami-lie", meint er. Wir bestellen unsere Lieblingspizzen und sind überhaupt nicht überrascht, dass sie im-mer noch so gut schmecken.

„Oh, Mann, was für ein Tag!"

Freunde aus Idstein bringen Ersatzteile mit, also müssen wir nochmal zurück in den Norden. Auf dem Campingplatz in Isola della Femmine in der Nähe von Palermo wollen wir Brigitte und Hans treffen. Überraschend nett und grün ist der Campingplatz trotz seiner Nähe zu Palermo. Leider fängt es kurz nach unserer Ankunft zu regnen an. „Da muss ich wohl den Trockner benutzen", stelle ich bedauernd fest. Aufenthalte auf Campingplätzen nutze ich immer gern, um mal schnell eine Maschine Wäsche zu waschen. Nach vier Wochen Unterwegssein ist das wieder dringend nötig. Auch nach zwölf Jahren des Lebens im Reisemobil genieße ich noch immer diese Direktheit und Ursprünglichkeit von Entscheidungen. Wäschewaschen? Ja, aber nur, wenn wir Strom und genügend Wasser haben. Und wenn es keinen Trockner gibt, muss die Sonne scheinen oder ein kräftiger Wind wehen. Zu feucht darf die Luft auch nicht sein, sonst hängt die Wäsche zwei Tage auf der Leine. Zu Hause nur ein technischer und organisatorischer Vorgang, ist er unterwegs eng mit den aktuellen Möglichkeiten und Wetterprognosen verknüpft.

Am frühen Abend treffen die beiden Idsteiner ein, und wir kochen gemeinsam und klönen. Reparaturen bestimmen den nächsten Tag. Brigitte und Hans besuchen Monreale. Für das Abendessen haben wir zusammen die Campingplatzofferte bestellt: Suppe, Pasta, Frikadelle mit Salat und Pommes, Dessert – und das alles für zehn Euro pro Person. Kaum zu glauben. Als wir zum Zeltrestaurant schlendern, wundern wir uns über das Polizeifahrzeug an der Rezeption. „Suchen die wieder einen Mafioso?", frotzeln wir gut gelaunt. Als der Kellner wenig später den bestellten Wein bringt, bittet er uns mit ernster Miene nach draußen zu kommen. Die Polizei sei da und wolle uns sprechen. Verdutzt folgen wir ihm. Vor unserem Fahrzeug stehen breitbeinig zwei Beamte sowie die Betreiberin des Campingplatzes, die sich als Dolmetscherin anbietet. Sehr verhalten erwidern die Polizisten unser „Buonasera" und verlangen die Papiere. Peter holt den Fahrzeugschein aus seiner Brieftasche, weil er annimmt, es handele sich um ein Verkehrsvergehen. Zu schnell können wir nicht gefahren sein, aber vielleicht haben wir ja irgendwo ein „Durchfahrt verboten"-Schild übersehen. „No, no!" Der ältere Beamte, offensichtlich der Vorgesetzte, gestikuliert mit dem Zeigefinger. Er will Peters Ausweis sehen. Mittlerweile hat es wieder zu regnen begonnen, und so folgen wir den Ordnungshütern in das Rezeptionsgebäude. Der Chef führt mit seinem Handy lange Telefonate und macht sich dabei viele Notizen. Unser besorgtes Nachhaken, was denn nun eigentlich los sei, ignoriert er stoisch. Unfreundlich sind die beiden nicht, aber sie beachten uns und unsere Fragen einfach nicht. Nach etwa einer Stunde wendet sich der Ältere der Dame vom Campingplatz zu und erklärt ihr die Situation. Ein Ausweis mit Peters Nummer wurde als verloren gemeldet. Es muss jetzt also geprüft werden, ob Peter der rechtmäßige Besitzer ist. Aufgefallen ist dies, weil der Campingplatz innerhalb von vierundzwanzig Stunden Kopien der Identitätspapiere der Gäste an die Behörde weiterleiten muss. Diese werden dann mit der Interpol-Datenbank „SIRENE" abgeglichen. Wir verstehen das nicht. Wer hat die Verlustmeldung veranlasst? Hans, früher Polizist, hat sofort eine zielführende Idee: „Vielleicht gab es bei der Aufnahme einen Übermittlungsfehler oder Zahlendreher." Nachdem er sich bei den Polizisten als Kollege in Pension vorgestellt hat, tauen die beiden merklich auf. Nun huscht sogar ein Lächeln über das Gesicht des Chefs. Nachdem er zusätzlich unsere Reisepässe gecheckt, unsere Adresse und Telefonnummer notiert und Peter nach seinem Beruf befragt hat, ist er offensichtlich von unserer Seriosität überzeugt. Schließlich entschuldigen sich die beiden für die Unannehmlichkeiten und wünschen uns noch einen schönen Urlaub. Am nächsten Tag klärt sich das Malheur auf: Eine Dame aus Köln hat schon vor Jahren den Verlust angezeigt und dabei wohl die Ausweisnummer falsch angegeben. Diese war identisch mit Peters Daten. Einerseits hat uns die

Angelegenheit natürlich einen gehörigen Schreck eingejagt, andererseits sind wir ziemlich beeindruckt und – zugegeben – auch überrascht, wie gut die internationale Kontrolle und Zusammenarbeit dann doch funktioniert.

Nach dieser Aufregung freuen wir uns jetzt auf unser Abendessen. Als der Kellner mit den Tellern kommt, müssen wir lachen. Das gesamte Menü ist dekorativ und sehr übersichtlich darauf angerichtet, es ist also eher ein Tapasteller. Brigitte, die Italienisch spricht, scherzt mit dem jungen Mann: „Die Vorspeise war sehr lecker und wann kommt das Hauptgericht?" Im Wohnmobil legen wir mit Oliven, Käse und Spundekäs nach. „Jetzt bin ich satt", meint Peter. Obwohl wir reichlich Wein getrunken haben, schrecken wir in der Nacht hoch. „Hörst du das auch? Da schreit doch jemand um Hilfe." Wir öffnen das Fenster. „Hilfe! Hilfe!", ruft eine Frauenstimme verzweifelt. Schnell ziehen wir unsere Bademäntel über und eilen nach draußen. Mittlerweile sind die Schreie verstummt. Brigitte steht bereits vor dem Wohnwagen und Hans kommt gerade vom hinteren Teil des Campingplatzes zurück. „Ihr Mann war wohl kurze Zeit ohnmächtig, und da hat sie einen Riesenschreck gekriegt. Aber jetzt scheint er wieder okay zu sein, denn er kam aus dem Wohnmobil raus und hat seine Frau und mich beruhigt, es sei alles in Ordnung." Wir verziehen uns wieder in unsere Betten. „Oh, Mann, was für ein Tag!", murmele ich noch und schlafe wieder ein. Aber es ist ein unruhiger Schlaf mit seltsamen Träumen von mich verfolgenden Polizisten, vor denen ich in den Wald flüchte, aus dem Hilferufe hallen.

Prachtvolles Barock

Müll säumt den Weg nach Gela. Über holprige Straßen passieren wir die Chemieanlagen der Stadt. „Ist das grauenhaft hier", bemerke ich schlecht gelaunt. Auch die riesigen Treibhausplantagen entlang der Küste sind nicht dazu angetan, meine niedergeschlagene Stimmung zu bessern. Zerfetzte Plastikplanen sieht man heute zwar kaum noch, trotzdem ist der Anblick dieser Folienlandschaft deprimierend. Mittendrin liegt unser Ziel, der Campingplatz Scarabeo. Dort überwintern jetzt fast alle, die früher nach Torre Salsa fuhren. Er ist gepflegt, und wir kriegen sogar einen Platz mit Blick zum Meer. Nach einem ausgedehnten Spaziergang am Strand, ein paar Würstchen aus der Dose und einem Glas Rotwein fallen wir hundemüde ins Bett. „Wollen wir hier wirklich ein paar Tage bleiben?", fragt Peter noch und ist schon eingeschlafen.

Nach einem schönen Sonnenaufgang und einem guten Frühstück, sieht die Welt am nächsten Morgen nicht mehr ganz so trübe aus. Der Campingplatz ist zwar landschaftlich nicht besonders eindrucksvoll gelegen, aber wir beschließen, ihn als Ausgangspunkt für die Besichtigung der Barockstädte zu nutzen. Um das stressfrei zu gestalten, mieten wir uns einen Fiat Panda.

„Was ist das denn für ein Geräusch? Es klingt wie das Weinen von Babys." Fragend schaut Peter mich an. Wir gehen den Lauten nach und entdecken bei unseren Campingnachbarn sieben Hundewelpen. Vreni und Schampi, sympathische Schweizer, die hier überwintert haben, sind gerade dabei, die Kleinen mit der Flasche zu füttern. „Die Mutter ist uns kurz vor dem Wurf zugelaufen. Da haben wir es nicht übers Herz gebracht, sie zu vertreiben", erklärt uns die junge Frau. „Sie sind alle schon vermittelt. Aber jetzt müssen wir sie erst einmal groß kriegen. Die Hündin lässt sie nur noch ab und zu trinken, weil ihr Gesäuge schon entzündet ist." Kara ist die Sache nicht geheuer, und sie verschwindet im Wohnmobil. Instinktiv fühlt sie wohl, dass die Nähe zu der Hundemutter nicht gut für sie ist.

Am frühen Morgen des nächsten Tages steuern wir also Ragusa an. Die dreigeteilte Stadt liegt auf Kalkfelsen über tiefen Schluchten. Zuerst fahren wir durch die hässliche „Neustadt". Breite Straßen, mehrstöckige, gesichtslose Häuser. Dann taucht nach zahlreichen Kurven jenseits eines engen Tals Altragusa auf und schließlich der älteste und eindrucksvollste Stadtteil Ibla. Bei seinem Anblick wundert es uns nicht, dass er wegen seiner Fülle an barocken Kirchen und Palästen zum UNESCO-Weltkulturerbe erklärt wurde. Nach dem Erdbeben von 1693 waren große Gebiete im Ostens Siziliens ein Trümmerfeld. Sorgfältig wurde der Wiederaufbau in prachtvollem Barock geplant.

„Das gibt's doch nicht! Hier hätten wir auch mit dem Wohnmobil hinfahren können", bemerkt Peter, als wir an dem großen Parkplatz am Fuße Iblas vorbei rollen. Sogar spezielle Plätze für Camper sind ausgewiesen und das Übernachten ist erlaubt. „Wahrscheinlich ist der Parkplatz ganz neu, er wird nämlich in keinem Reise- oder Stellplatzführer erwähnt", stelle ich fest. Ja, so ist das beim Reisen: Jeder Tag bietet Überraschungen. Da wir mit dem Panda flexibel sind, suchen wir uns eine Parkmöglichkeit am oberen Stadtrand. Der Ausgangspunkt ist gut gewählt, denn zum Dom ist es nicht weit. Durch pittoreske Altstadtgassen, vorbei an eindrucksvollen Palazzi mit teilweise grotesken Balkonverzierungen, erreichen wir die Kathedrale. Sie steht zur großen Piazza etwas verdreht, fototechnisch eine Herausforderung. Eine breite Treppe führt hinauf zu diesem Meisterwerk barocker Baukunst. Seine klassizistische Kuppel erhielt es erst im 19. Jahrhundert. Für viele Kunstexperten ein Ärgernis. Hinein kommt man heute nur über einen Seiteneingang. Es findet gerade eine Messe mit nur wenigen Besuchern statt. Leise setzen wir uns in eine der hinteren Reihen. Nach einer Weile merken wir, dass es sich um eine Beerdigung handelt. Schon draußen waren uns schwarz gekleideten Männer aufgefallen, die auf einer Bank warteten.

Jetzt wird uns klar, dass dies die Sargträger sind.

Ragusa scheint Pflichtprogramm für sizilianische Schüler zu sein, denn es wimmelt hier von Kindern und Jugendlichen aller Altersklassen. In einer der Bars am Domplatz lassen wir uns nieder und nehmen ein zweites Frühstück ein mit Cappuccini und Arancini, diesen köstlichen, frittierten Reiskugeln. „So stellt man sich den Süden doch immer vor. Auf einer Piazza Kaffee trinken und Leute beobachten", denke ich und schaue zufrieden in die Runde. Ich könnte Stunden hier verbringen. Aber wir wollen heute noch nach Mòdica. So machen wir noch einen kurzen Spaziergang zu den Giardini Iblei, einer sehr gepflegten Parkanlage, und genießen den Ausblick in das Tal des Flusses Irminio. Ältere Männer sitzen auf einer Bank und vertreiben sich mit einem Schwätzchen die Zeit bis zum Mittagessen.

Parkplätze sind rar in Mòdica. Jetzt sind wir froh, mit dem Panda unterwegs zu sein. Glücklicherweise erreichen wir die Stadt so gegen zwei Uhr. Es herrscht also noch die übliche Mittagsstarre, was die Parkplatzsuche erleichtert. Gleich gegenüber den Stufen, die hinauf zum Dom führen, stellen wir das Fahrzeug ab. An einem Automaten wollen wir ein Ticket ziehen. „No, no, it´s free until four o'clock," ruft uns ein Kellner aus einer Bar zu. Wegen seiner Freundlichkeit fühlen wir uns verpflichtet, einen Espresso bei ihm zu trinken. „Der wievielte ist das heute? Der vierte? Jetzt darf ich keinen Kaffee mehr trinken, sonst werde ich ja zum Nervenbündel", lache ich. In dichten Reihen kleben die Häuser von Mòdica an einem steilen Hang. Auch hier ist der barocke Dom das Prunkstück der Stadt, und auch hier heißt er San Giorgio. 250 Stufen müssen wir hinauf steigen. Durch enge Gassen und winzige Parkanlagen, in denen Orangenbäume duften. Dann stehen wir auf der großen Freitreppe der Kathedrale und haben einen Blick über das Häusergewirr der Stadt. Überall ist schon die aufwändige Lichterdekoration für die Osterfeierlichkeiten angebracht. Ein Eisverkäufer hat sich direkt unterhalb der Treppe platziert. Jetzt, in der Mittagszeit, wird er wohl kaum etwas verkaufen. Alles ist wie ausgestorben. Ich fühle mich an alte Western erinnert, wenn der Held durch eine verlassene Goldgräberstadt reitet.

Peter nutzt die Menschenleere, um unsere neueste Errungenschaft, einen Quadrocopter mit eingebauter Kamera, zu testen. Dicht vor dem Dom lässt er ihn aufsteigen. Ich behalte derweil die Umgebung im Auge. Nicht dass plötzlich ein Carabiniere um die Ecke kommt und unseren „Filippo", so haben wir das Wunderding getauft, konfisziert. Völlig überraschend sind wir an das Gerät gekommen. Als Peter vor Wochen von dieser neu entwickelten Drohne las, erkannte er sofort, dass sie für uns ideal für Luftaufnahmen ist, lässt sie sich doch zu einem kleinen Paket zusammenklappen. „So passt sie sogar noch in den Fotorucksack", erzählt er mir begeistert. Leider war das Produkt innerhalb weniger Tage vergriffen und die Lieferzeit entsprechend lang. Wir fanden uns daher schnell damit ab, dass es bei dieser Reise noch keine Fotos „Sizilien von oben" geben würde. „Hör mal, kannst du mir nicht so ein Teil besorgen? Du hast doch in der Branche gute Connections!", flachste Peter mit dem Schwiegersohn bei unserem Stopp in Ludwigsburg. Am nächsten Morgen kam Christian mit dem Pkw am Wohnmobil vorbei und meinte: „Du holst die Frühstücksbrötchen, und ich muss noch mal in den Nachbarort und dort was erledigen. Deal? Wir treffen uns dann wie vereinbart um 9 Uhr zum Frühstück bei uns." Welch eine Überraschung! Es war ihm doch tatsächlich gelungen, bei einem befreundeten Händler einen Copter aufzutreiben, und zwar genau das Modell, das wir uns gewünscht hatten.

Auf dem Rückweg zum Parkplatz trinken wir in einer Bar noch eine Cola – schon wieder Koffein! – und machen uns dann ziemlich abgeschlafft auf den Rückweg. Die Besichtigung von zwei Städten an einem Tag ist definitiv zu viel. Schon am nächsten Tag steht Noto auf dem Programm. Dafür haben wir ja den Panda gemietet. Aber unserem Rhythmus entsprechen diese geballten Besichtigungen nicht. Vor der Abfahrt machen wir noch einen ausgiebigen Spaziergang mit Kara. Um zum Strand zu kommen, müssen wir regelmäßig an den Nachbarn und den Welpen vorbei. Auf dem Rückweg passiert es dann. Blitzschnell schießt das Muttertier hinter dem Wohnmobil hervor. Es ist zwar angeleint, aber es erwischt Kara gerade noch am linken Hinterlauf. Erschrocken jault unser Hund auf und läuft hinkend zum Fahrzeug zurück. Winselnd steht er auf drei Beinen und schaut uns leidend an. Wir untersuchen ihn eingehend. Nichts zu sehen! Alles ist glimpflich abgegangen, aber unser Sensibelchen schaut so ängstlich und traurig, dass wir spontan beschließen: „Du darfst mit!" Voll bepackt mit Kameras, Rucksack und Hund geht es also los.

Heute fahre ich. Bremse und Kupplung reagieren bei diesem Kleinwagen sehr direkt und so gleichen die ersten Kilometer eher einem rasanten Ritt als einer gemächlichen Fahrt. Dann aber habe ich das Fahrverhalten des Autos verinnerlicht, und es macht mir richtig Spaß, den kleinen, wendigen Panda zu fahren. Allerdings dauert es eine Weile bis ich mich an das dichte Auffahren, das häufige Hupen und die riskanten Überholmanöver der sizilianischen Verkehrsteilnehmer gewöhnt habe. Auch die Kreisel sind manchmal gewöhnungsbedürftig, weil sie im ersten Moment gar nicht als solche zu erkennen sind. Wir haben wieder Glück und finden schnell einen zentrumsnahen Parkplatz, direkt neben einer Metzgerei. Gerade kommt eine Hausfrau mit einer schweren Tüte aus dem Geschäft. Es ist ja auch schon gleich wieder Mittagszeit, und das Essen muss auf den Tisch. Nur wenige Schritte sind es von hier bis zur schnurgeraden Flaniermeile, dem Corso Vittorio Emanuele. Noto überrascht uns. So schön hatten wir die Stadt nicht in Erinnerung. Wir waren nämlich schon einmal hier. Damals strahlte alles einen eher morbiden Charme aus, und der Dom war noch hinter einem Bauzaun versteckt. Jetzt leuchten die restaurierten Kirchen und Palazzi in ihrem weichen Gelbton. 1996 stürzte die Kuppel der Kathedrale ein, glücklicherweise erst kurz nach der Messe. 2007 wurde die Kirche nach ihrem Wiederaufbau eingeweiht. Zahlreiche Schüler und natürlich viele Touristen schlendern durch die Gassen. Nicht verwunderlich, gilt Noto doch als die schönste Barockstadt Siziliens. Superlative ziehen die Menschen eben immer am meisten an. Notos Adel konnte es sich nach dem Erdbeben leisten, die berühmtesten Architekten zu beauftragen. Die sollten nur das Beste und Edelste erschaffen. Aus dem weichen Kalkstein entstanden kunstvolle Fassaden mit raffinierten Details.

Ausflüge mit der Piaggio

Mit unserer Piaggio machen wir noch kleinere Ausflüge. Santa Croce wirkt recht ursprünglich. Marina di Ragusa besteht im wesentlichen aus gesichtslosen Feriensiedlungen vor allem für italienische Gäste. Endlos zieht sich der Lungomare dahin. Jetzt in der Vorsaison wirkt alles ziemlich trist. Das ändert sich im Sommer, wenn die Häuser bewohnt, alle Restaurants und Diskotheken geöffnet sind. Dann kippt das Ganze ins andere Extrem. Besonders am Wochenende, wenn sich aus den Städten des Hinterlandes alles hier trifft, muss der Andrang wohl unbeschreiblich sein. Bei unserer Fahrt mit dem Roller testen wir jetzt die Funktion „Active Track" unserer Drohne, das heißt, sie folgt uns. Immer wieder schicken wir ängstliche Blicke nach hinten. Ist sie noch da? Haben wir auch keinen Baum übersehen, in dem sie hängen bleiben könnte?

Ganz hübsch ist Puntasecca. Ein schöner Strand, eine Handvoll Restaurants, keine riesigen Ferienanlagen. Hier soll es eine sehr gute Pizzeria geben. „Da vorne ist es. Das haben wir diesmal ja schnell gefunden." Gut gelaunt zeige ich auf den Eingang. Ich freue mich jetzt auf eine leckere Pizza. Die Restaurants öffnen in Italien frühestens um 19.30 Uhr, die meisten sogar eine Stunde später. Da wir mittags nur eine Kleinigkeit essen, ist das für uns sehr spät, und entsprechend groß ist dann der Hunger. Aus dem gewählten Lokal weht schon verführerischer Duft zu uns herüber. Es ist zwar erst 19.15 Uhr, aber es scheint schon geöffnet zu haben. „Das ist aber ungewöhnlich", bemerkt Peter. „Vielleicht haben sie sich auf die deutschen Touristen eingestellt", mutmaße ich. Als wir die Pizzeria betreten, ruft uns der Chef fröhlich „Salve!" zu. Eine halbrunde, gemauerte Theke nimmt fast den ganzen Raum ein. Dahinter strahlt der Pizzaofen eine angenehme Wärme aus. Tische gibt es keine. Fragend schauen wir den Pizzabäcker an. Mit der Hand macht er eine Geste, wir sollten rechts um den Tresen herum gehen. Es wäre noch ein Tisch frei, ruft er uns nach. Wir folgen seinem Hinweis und landen auf einer Terrasse direkt am Meer. Wunderschön, aber jetzt eindeutig zu kalt! Irritiert kehren wir um und fragen, ob es innen keine Plätze gäbe. Bedauernd schüttelt der freundliche Mann den Kopf. Also wird heute nichts aus unserem Pizzaschmaus. Frustriert fahren wir zum Campingplatz zurück. Im Wohnmobil zaubern wir schnell einen Gurkensalat und Nudeln mit Knobi und Öl.

Der Abschied von Punta Braccetto fällt uns nicht allzu schwer. So richtig gefallen hat es uns hier nicht. Aber der Campingplatz war nett und für die Besichtigung der Barockstädte zweckmäßig gelegen. Wir steuern nochmal Ragusa an. Es ist so selten, dass wir auf Reisen Gelegenheit haben, am Abend schnell und einfach in eine Stadt zu kommen. Von dem hervorragenden Parkplatz am Fuße der Stadt laufen wir nur eine Viertelstunde hinauf bis zum Dom. Endlich können wir auch mal Nachtaufnahmen machen.

„Bella figura", auch an Ostern

Ostern steht vor der Tür. „Es wäre doch toll, wenn wir eine Osterprozession fotografieren könnten", meint Peter. „Die eindrucksvollsten Osterfeierlichkeiten soll es in Trapani geben. Das liegt ja nicht gerade auf unserer Route", zwinkere ich ihm zu. „Auch die in Mòdica sind wohl sehr schön, aber dort gab es ja keinen Parkplatz und keine Übernachtungsmöglichkeit für uns." Ich stöbere im Internet. „Comiso muss auch gut sein. Das ist nicht allzu weit. Versuchen wir es einfach. Wenn wir keinen Parkplatz finden, fahren wir halt weiter." So machen wir es. An einer Tankstelle frage ich, wann und wo die Festivitäten stattfinden. „Morgen um 12 Uhr am Dom", ist die Auskunft der netten Frau, die sogar ein paar Brocken Englisch spricht. „Weißt du was? Dann überbrücken wir den heutigen Tag mit dem Besuch von Chiaramonte. Die Stadt ist bekannt für ihre Würste. Ein uriges Ristorante, in dem man die deftige Kost genießen kann, gibt es auch." Ich strahle Peter an. „Wenn ein leckeres Essen lockt, bist du gleich gut gelaunt", frotzelt er. Zuerst sieht es schlecht aus. Enge Serpentinen führen hinauf in die Ortschaft, die rundherum von dicht bewaldeten Hängen umgeben ist. „Wo sollen wir denn hier einen Stellplatz finden?", seufze ich. Innerlich habe ich das Menü schon abgeschrieben. Mein Magen knurrt bedauernd. Hinter einer Kehre tauch plötzlich am Waldrand ein Parkplatz neben einem Forstbetrieb auf. „Hm, nirgends ein Verbotsschild zu sehen. Hier bleiben wir!" Mein Bäuchlein gluckst freudig. Vorbei an dem großen, parkähnlichen Friedhof spazieren wir wenig später hinab in das Zentrum von Chiaramonte. Das schmucke Städtchen gefällt uns sofort. Beschaulich, adrett, ursprünglich. Auch unser Navi ist uns heute wohlgesonnen. Ohne Umwege führt er uns direkt vor die Eingangtür des Ristorante Majore. Aus der großen Küche gegenüber überquert gerade ein Koch die enge Gasse. Über seinem rechten Arm trägt er in Schleifen gelegt mehrere Meter der berühmten Salsicce. Drinnen steht man gleich vor einem großen, altmodisch anmutenden Herd auf dem in großen Töpfen Spaghetti und Ragù köcheln. Wir bekommen den letzten freien Tisch zugewiesen. Schon wieder Glück gehabt. Was ist denn heute nur los? Der Vorspeisenteller mit Salami, Schinken und Käse ist ein schmackhafter Anfang. Es folgen Pasta mit würziger Ragù-Sauce als primo piatto und die legendäre Bratwurst als secondo piatto. Das Dessert, ein Mandelparfait, teilen wir uns. Der Reiseführer hat nicht zu viel versprochen, alles ist köstlich. Ein Grappa zur Verdauung geht aufs Haus.

Um 11.30 Uhr, etwas vor der Zeit, stehen wir am nächsten Tag vor dem Eingang der Kathedrale von Comiso. Da wir nicht in die Altstadt hineinfahren wollten, haben wir unser Reisemobil am Stadtrand in der Nähe des Krankenhauses abgestellt und sind gut zwei Kilometer durch hässliche und schmutzige Neubaugebiete bis hierher gelaufen. „Da stimmt doch etwas nicht. Keine Menschenseele zu sehen. Nie und nimmer findet heute eine Prozession statt. Ich frage mal dort in der Bar nach", meint Peter und ist schon in dem kleinen Café verschwunden. Kurze Zeit später kommt er wieder heraus und verdreht die Augen. „Die Prozession ist heute Abend um Acht. Was hat die Dame von der Tankstelle dir denn da erzählt?" Enttäuscht zucke ich mit den Schultern. „Der ganze Aufwand für nix und wieder nix!" „Mut zur Lücke!", sind wir uns wieder mal einig. Dann gibt es eben keine Osterfotos und -videos.

Zügig fahren wir zur nächsten Zwischenstation nach Marzamemi. Dort soll es einen netten Campingplatz geben. Kaum haben wir die Anlage betreten, kommt uns ein junger Mann entgegen. Er begrüßt uns per Handschlag, stellt sich als Vincenzo vor und bedauert, der Platz sei voll. „Gestern klappte alles, heute wieder gar nichts." Missmutig kehre ich zum Wohnmobil zurück. Lange müssen wir aber nicht traurig sein. Im neu angelegten Jachthafen finden wir ein feines Plätzchen. Hier ist der Ausblick viel besser, als er auf dem Campingplatz gewesen wäre. Ein paar Mal fahren die Carabinieri und die Polizia Communale vorbei, ohne Notiz von uns zu nehmen. Jetzt in der Vorsaison wird offensichtlich alles noch sehr großzügig gehandhabt.

Am nächsten Tag wollen wir mit der Piaggio an der Küste entlang nach Portopalo fahren. Nach etwa einem Kilometer ist die Straße wegen einer baufälligen Brücke komplett gesperrt. Also müssen wir eine Schleife über Pachino ziehen. Es ist Sonntagmittag und in der Ortschaft herrscht reger Betrieb. „Wo wollen die denn nur alle hin?" Wir folgen den Fahrzeugen. Auf dem großen Platz vor der Kirche haben sich Menschenmassen versammelt. „Wir schauen mal, was da los ist," meint Peter und parkt den Roller in einer Seitenstraße. Kaum haben wir uns den Weg durch die Menge an wartenden Leuten gebahnt, geht es auch schon los. In der rechten Ecke des Platzes stehen Träger, die eine Plattform mit einer Marienstatue geschultert haben. Die Madonna ist von einem schwarzen Tuch bedeckt. Nur durch einen schmaler Spalt ist ihr Gesicht zu sehen. Plötzlich ein Paukenschlag, die schwarze Hülle gleitet hinab und enthüllt die leuchtend blau gewandete Mutter Gottes, von einem begeistertem „Oooh!" und frenetischem Beifall der Masse begleitet. Gleichzeitig setzen sich die Träger mit schnellen Schritten in Bewegung. Die Madonna breitet ihre beweglichen Arme jetzt weit aus und scheint ihrem Sohn, der von der anderen Seite des Platzes kommt, entgegen zu fliegen. Mit Böllerschüssen wird das Zusammentreffen der beiden gefeiert. Danach werden die Statuen, begleitet von einer Musikkapelle, um den Platz herum getragen. Zum Schluss hält der Pfarrer von einem Balkon herab eine Predigt. Nur wenige hören ihm zu, im Gegenteil, die Menge verläuft sich allmählich. Verwundert beobachten wir diese Interesse- und Respektlosigkeit gegenüber einem kirchlichen Würdenträger. Das hätten wir im tief religiösen Sizilien nicht für möglich gehalten. In Grüppchen stehen die Leute nun zusammen, Jugendliche scherzen, Kinder spielen. Alle sind mächtig herausgeputzt. Sehen und gesehen werden und dabei eine Bella Figura machen, das ist wichtig. Junge Frauen in zum Teil sehr gewagtem Outfit laufen den Platz hinauf und hinunter. Ein wenig kommt es uns vor wie auf einem Heiratsmarkt. Großen Wert legt man offensichtlich auf ausgefallene Schuhe: Highheels, extreme Plateau-Sohlen, auffallende Farben. Auch die Älteren haben sich fein gemacht. Dunkler Anzug, schwarzes Kleid, Brillantschmuck, sorgfältige Frisur. „Jetzt sind wir doch noch zu unserer Osterprozession gekommen. Gut, dass die Brücke gesperrt war!", freut sich Peter. Der Ostermontag wird dann in ausgelassener Stimmung und eher weltlich gefeiert. Auf den Plätzen von Marzamemi spielen verschiedene Bands. Das überwiegend junge Publikum tanzt und singt zu rockiger Musik oder zu Salsatakten. Fröhlich und auffallend friedlich geht es zu.

Zu schön, um abzureisen

Das Wetter ist einfach zu schön. Wir stehen jetzt auf einem einfachen Stellplatz in Marzamemi und bleiben hier eine ganze Weile. Er bietet alles, was wir attraktiv finden: Eine schöne Aussicht, ruhige Lage, wenig Betrieb, Spaziermöglichkeiten, eine ursprüngliche Ortschaft in Rollernähe. Auch die Flaniermeilen rund um die alte Thunfischfabrik bieten das Maß an touristischem Angebot, das wir mögen, weil jetzt nach den Osterfeiertagen alles wieder in beschaulichem Rahmen abläuft. Ein Espresso hier, ein kühles Bier dort, frittierter Fisch, Pizza und Pistazieneis. Der einzige Nachteil des Stellplatzes: Die Stromanschlüsse sind mit lediglich zwei Ampere abgesichert, so dass der Betrieb unserer Waschmaschine nicht möglich ist. Selbst beim Einschalten des Batterieladegeräts unseres Reisemobils fliegt die Sicherung heraus. Macht nichts, dafür scheint die Sonne und unsere großzügig bemessene Solaranlage auf dem Dach arbeitet ausgezeichnet.

„Lavatrice?", frage ich die Wirtin, die bedauernd den Kopf schüttelt. Es gibt also keine Waschmaschine. Als sie mein enttäuschtes und ratloses Gesicht sieht, erklärt sie mir den Weg zu einem Waschsalon in Pachino. „Pachino", dabei bildet sie mit beiden Händen eine Parallele, dann zeichnet sie mit dem rechten Zeigefinger einen Kreis in die Luft und zeigt anschließend mit der ganzen Hand nach rechts. „Via Aldo Moro!" Also packen wir die Schmutzwäsche in den Rollerkoffer und fahren los. Im Kreisel vor Pachino biegen wir rechts ab und stehen kurz darauf vor der Lavanderia. „Das ist Premiere! Ich habe noch nie in einem Waschsalon gewaschen." Der Waschvorgang dauert nur dreißig Minuten, was mich ein wenig misstrauisch macht. Mit Recht, wie sich später herausstellt, denn das Ergebnis ist miserabel. „Egal, zumindest duftet alles wieder frisch", bemerke ich später fatalistisch. In dem blitzsauberen Raum stehen mehrere riesige Waschmaschinen und einige Trockner. Sitzgelegenheiten gibt es keine, was auch nicht nötig ist, denn wir können zwischen mehreren Bars in der Nähe auswählen.

Schräg gegenüber gibt es eine Pasticceria mit leckeren Minitörtchen. Wir lassen uns eine kleine Auswahl der Köstlichkeiten schmecken. „So macht große Wäsche Spaß!", schmunzle ich. Am Tisch nebenan sitzen zwei junge Burschen. Älter als vierzehn oder sechzehn Jahre sind die beiden nicht. Mit einem Glas aufgeschäumter Milch in der einen und einem Hörnchen in der anderen Hand ist der Jüngere der beiden gerade vom Tresen zurück gekommen. Jetzt taucht er sacht die Spitze des Cornetto in die Milch, bis der durchgeweichte Teil abreißt und im Glas schwimmt. Mit einem Löffel holt er den weichen Teigklumpen heraus und lässt ihn mit einem verzückten Gesichtsausdruck in seinem Mund verschwinden. Auf diese Weise verspeist er langsam und bedächtig das ganze Hörnchen. Den letzten Bissen lässt er in die restliche Milch plumpsen und löffelt ihn dann wieder aus dem Glas. Erstaunlich, dass die Milch nach diesem Prozedere völlig aufgebraucht ist. Das exakte Timing verrät langes Üben.

Eigentlich sind es nach Portopalo nur sechs Kilometer. Wegen der gesperrten Brücke geht es jetzt aber nur in weitem Bogen über Pachino dort hin. Heute weht ein recht kühler Wind, für den ich viel zu dünn angezogen bin. Bibbernd sitze ich in Peters Windschatten auf der Piaggio und bin froh, als wir endlich Portopalo erreichen. Schachbrettartig verlaufen die Straßen der sehr adretten Stadt. Jetzt in der Mittagszeit sind sie menschenleer. Im riesigen Hafen ankern große und kleine Fischerboote. Die Fischerei ist hier noch ein bedeutender Wirtschaftsfaktor. „Schau mal, das Schiff trägt eine britische Flagge. Die Besatzung spricht auch Englisch. Was machen die denn hier?" Irritiert deute ich auf den großen Kutter. Gerade lehnt sich ein kräftiger Mann mit roten Haaren über die Reling. Er sieht wie ein waschechter Ire aus. Peter spricht ihn an. Der freundliche Mann erläutert, dass hier Fischbrut geladen und anschließend zu Zuchtanlagen nach Tunesien und Marokko verschifft wird.

Die Mannschaft bestünde aus sechs Nationalitäten. Er selbst sei Pole, dann hätten sie noch Leute aus Ghana, Indonesien, den Philippinen und Somalia. Nur der Kapitän sei Brite.

Eine Ecke des Hafengeländes ist für einen Schiffsfriedhof reserviert. Auf ihm liegen mehrere recht große Boote. Sie sind zum Teil schwer beschädigt oder sogar ausgebrannt. Beim Näherkommen entdecken wir arabische Schriftzeichen an den Schiffswänden. „Das sind ja alles Flüchtlingsboote", rufen wir fast gleichzeitig aus. Ihr Anblick macht uns betroffen. Was mag aus all den Menschen geworden sein, die auf diesen Kähnen ihr Leben riskierten, um nach Europa zu kommen? Und noch etwas verdeutlicht die Vielzahl der Wracks: Italien wird von der EU bei diesem Problem nicht ausreichend unterstützt. Besonders die Sizilianer scheinen mental recht gelassen auf die Geflüchteten zu reagieren. Vielleicht deshalb, weil sie das Fremdsein in der Fremde nur zu gut kennen? Sizilien war schon immer eine Auswanderungsregion. Die meisten, der in den USA lebenden Italiener haben sizilianische Wurzeln. Auch heute noch verlassen viele junge, gut ausgebildete Leute ihre Heimat, weil sie auf der Insel keine Perspektive haben. Obwohl gerade der Tourismus wegen des Flüchtlingsstromes leidet – nicht zuletzt, als Folge reißerischer Schlagzeilen in den Medien – sind Aggressionen gegen die Zuwanderer selten.

Palazzi, Nymphen, Marionetten

Unser nächstes Ziel ist Siracusa. Ein italienischer Camper hatte uns ein Camp empfohlen, das in keinem unserer Stellplatzführer aufgeführt ist. Wir finden es sofort und sind entsetzt. Seine Lage ist Spitze und grauenhaft zugleich. Spitze, weil es bis nach Ortygia, der Altstadt von Siracusa, nur sieben Kilometer sind. Grauenhaft, weil es in einem von Müll umsäumten Gewerbegebiet und direkt neben der Kläranlage liegt. Aber wir wollen ja Siracusa besichtigen, und dafür ist der Standort prima. Vor Jahren wagten wir schon einmal den Versuch, Siracusa zu entdecken. Der damals ausgewählte Stellplatz lag jedoch recht weit entfernt von der City. Unglücklicherweise wählten wir dann auch noch das Fahrrad als Verkehrsmittel. Nach einer halben Stunde brachen wir das Vorhaben ab, weil das Fahrverhalten der Sizilianer echte Todesangst in mir auslöste. Als Radfahrer fühlte ich mich inmitten dieses Gewühls in höchster Lebensgefahr.

Diesmal geht es mit dem Roller entspannt hinein in die Stadt. Noch herrscht Mittagsruhe, und die Tour ist entsprechend moderat. Aus dem Straßengewirr hinaus, über die Brücke, und die malerischen Häuser der Altstadtinsel liegen vor uns. Sie leuchten in der Nachmittagssonne und mir entfährt ein „Ooh, wie schön!" Um uns einen Überblick zu verschaffen, umlaufen wir zunächst einmal die Insel und sind anschließend ziemlich geschafft. Bei der Rückfahrt ist es schon dunkel, und nun tobt auch wieder das bekannte Verkehrschaos, durch das uns Peter aber souverän steuert. Stop and go. Autos von allen Seiten, dazwischen Mopedfahrer. Da ich Peter gebeten habe, nicht, wie hier üblich, die PKW-Kolonne rechts und links zu überholen, tuckern wir in deren Abgaswolke hinterher.

Am nächsten Tag besichtigen wir das trutzige Kastell Maniace, das sein heutiges Aussehen dem Stauferkönig Friedrich II verdankt. Von dort düsen wir mit dem Roller am Lungomare entlang zum Markt. Die Stellplatzbetreiberin hatte uns empfohlen, dort einen Mittagsimbiss einzunehmen. An einem Stand holen wir uns eine riesige Spitztüte voll frittierter kleiner Fische, die wir beim Schlendern genüsslich verzehren. Peter gönnt sich anschließend zwei Austern und ich eine kleine Schinkenauswahl. Dazu ein Gläschen Wein. Um 11.30 Uhr! Ob das gut geht? Meist werde ich nach so frühem Alkoholgenuss müde. Wahrscheinlich liegt es an unserer Begeisterung für die pittoresken Gassen und die eindrucksvollen Plätze, dass diesmal keine Trägheit aufkommt. Am schönsten ist natürlich die halbrunde Piazza am Dom. Mit ihrer prachtvollen Fassade dominiert die Kirche das Gebäudeensemble. Im Innern staunen wir nicht schlecht. Das Mittelschiff der Kathedrale wird nämlich von den Säulen des griechischen Tempels Athena gebildet. Um das griechische Heiligtum herum baute man also das Gotteshaus. „So eine Kombination haben wir noch nie gesehen," stelle ich fest.

Im Becken der direkt am Meer gelegenen Süßwasserquelle Fonte Aretusa wächst Papyrus. Die aus Ägypten stammende Pflanze gehört zu den Riedgräsern und gedeiht in Europa nur auf Sizilien. Seit der Antike ist die Quelle Aretusa eines der größten Symbole der Stadt. Folgende Geschichte wird erzählt: Der Flussgott Alpheios hatte sich in die Nymphe Arethusa verliebt. Verzweifelt wegen seiner Nachstellungen bat Arethusa ihre Schutzgöttin Artemis um Hilfe. Die hüllte sie in Wolken und schmolz sie zu einer Quelle bei Ortygia. Jetzt bat auch Alpheios die Götter um Hilfe. Die verwandelten ihn daraufhin in einen Fluss, der in Griechenland entsprang und sich im Ionischen Meer mit seiner Angebeteten vereinte. Die arme Nymphe – sie wurde ihren hartnäckigen Verehrer also niemals mehr los. Auch der Springbrunnen an der Piazza Archimede symbolisiert diese Sage. Gleich neben der Fonte Aretusa lockt eine Parkanlage zu einer kühlen Rast. Riesige Gummibäume mit beeindruckenden Luftwurzeln beschatten den idyllischen Ort. Viele Besucher bevorzugen allerdings die Einkehr in eines der zahlreichen Restaurants entlang des westlichen Lungomare.

Siracusa – das frühere Syrakus – war einst die mächtigste Hauptstadt der westlichen Welt und eine Hochburg der Wissenschaft und Kunst. Hier wurde der Mathematiker Archimedes geboren. Die Griechen erbauten die „Neustadt", Neapolis, mit einem Theater, das 15000 Besucher aufnehmen konnte. Das wird auch heute noch für Großveranstaltungen wie zum Beispiel Rockkonzerte genutzt. Bei unserem Besuch wird gerade ein solcher Event vorbereitet. Die Steinstufen sind schon fast vollständig mit Holzbänken zugebaut. So bekommen wir zwar einen Eindruck von der Dimension des Altertums, von ihm selbst aber leider nicht viel zu sehen. Etwas entfernt bauten die Römer zusätzlich ein Amphitheater für ihre Gladiatorenkämpfe. Ein schön angelegter Spazierweg führt um die Anlage herum. Der ist allerdings schon nach wenigen Metern gesperrt und der frei zugängliche Teil ungepflegt. Im Hintergrund von Neapolis erheben sich die eher tristen Häuser der heutigen Neustadt. Schön ist die Parklandschaft mit bizarren Felsnadeln im ehemaligen Steinbruch. Von hier stammt das Material für die antiken Bauten Siracusas. Von der Grotte Orecchio di Dionisio sind wir etwas enttäuscht. „Die Akustik", so heißt es, „ist so außerordentlich gut, dass ein leises Flüstern laut zu vernehmen ist". So stark nehmen wir das nicht wahr. Aber schön gruselig ist die riesige, nach wenigen Metern stockdunkle, Höhle trotzdem. Jetzt am frühen Abend schlendern wir fast allein durch Neapolis. Am Morgen waren wir schon einmal vor dem Ticketschalter und flohen entsetzt angesichts der mit unzähligen Bussen herangekarrten Menschenmassen.

Auf den Besuch der Opera dei Pupi freuen wir uns besonders. Vom Stellplatzbetreiber werden wir in die Stadt gefahren, ein kostenloser Service. Morgens hatten wir ihn über unser Vorhaben informiert und ihn gefragt, ob er die Reservierung von Karten für erforderlich hält. Mit einem Abwinken verneinte er. Jetzt sitzen wir in seinem recht maroden Fahrzeug und versuchen vergeblich, die Gurte anzulegen. Mit einem Grinsen meint der Fahrer: „Defetto. Macht nichts. Our Police ist sleeping." Von der Erkenntnis, dass Gurte Leib und Leben schützen, scheint er noch nichts gehört zu haben. Das kleine Theater liegt in einer engen Seitengasse. Als wir um 17.30 Uhr dort ankommen, sind bereits alle Plätze ausverkauft! Nur mühsam können wir einen deftigen Fluch unterdrücken. Schnell beruhigt uns die junge Frau am Ticketverkauf: „Heute gibt es wegen der großen Nachfrage ausnahmsweise eine zweite Vorstellung um 19 Uhr."

Das Marionettentheater hat eine alte Tradition auf Sizilien. Es steht sogar auf der Liste des immateriellen Kulturerbes der UNESCO. Meist kämpfen edle und tapfere Ritter gegen feindliche Schurken oder Ungeheuer. Bis zu 150 Zentimeter groß und bis zu 20 Kilo schwer sind die handgefertigten Marionetten aus Holz. Früher sorgten die Aufführungen für Abwechslung im Alltag der Bevölkerung und wurden in Fortsetzungen gezeigt. So wie heute die Soaps im Fernsehen. Wir bekommen eine Reservierungsbestätigung ausgehändigt, die es uns erlaubt, erst ein paar Minuten vor Beginn der Vorstellung zurückzukehren. Der kleine Zuschauerraum liegt in einem Gewölbe und ist bis zum letzten Platz besetzt. Wie im Restaurant müssen wir vor dem Eingang warten und werden dann zu unseren Plätzen begleitet. Perfekte Organisation. Das Publikum ist bunt gemischt: einige italienische Paare, französische und niederländische Touristen und drei Familien mit ihren Kindern. Und dann geht es los. Die Puppen sind wie erwartet sehr kunstvoll gestaltet. Es wird viel gesprochen und in theatralischer Weise vorgetragen. Wir verstehen davon natürlich kein Wort, was aber nicht schlimm ist. Schon der Klang der Sprache begeistert uns. Der tapfere Ritter hat ganz schön viel zu tun. So muss er gegen einen Bösewicht, ein Ungeheuer, einen Sarazenen und gegen einen Zyklopen kämpfen. Und alle besiegt er natürlich. Eine heitere Rolle spielt ein Mönch. Schelmisch-sympathisch, aber ein absoluter Opportunist. Wenn er vor Angst schlottert, jauchzen die Kinder vor Vergnügen. Am Ende lachen die Erwachsenen mehr über das Kreischen der Sprösslinge als über die Vorstellung selbst. Plötzlich – für uns gefühlt mittendrin – ist die

Darbietung zu Ende. In einer Bar an der Piazza Pancali trinken wir noch einen Amaro und resümieren: Das Puppentheater war ein schöner Abschluss für unseren Besuch in Siracusa.

„Am Abend ist hier ja richtig was los!", wundere ich mich. Der Platz scheint Jugendtreffpunkt zu sein. Die jungen Leute stehen in Grüppchen zusammen, unterhalten sich, scherzen. Nur wenige haben eine Zigarette oder eine Flasche Bier in der Hand. „Bist du einverstanden, dass ich Salvo anrufe, damit er uns abholt?", fragt Peter. Mir ist es recht, denn es ist mittlerweile kühl geworden. „In five minutes I´m at the bridge", meint der Campingplatzbetreiber. Er hat wohl nicht mit dem hohen Verkehrsaufkommen am Samstagabend gerechnet, denn wir warten 45 Minuten am vereinbarten Treffpunkt, in Abgasnebel gehüllt. Viele Mütter halten hier kurz an und lassen ihre Söhne und Töchter aussteigen. Meist rufen sie ihnen ein paar ermahnende Worte hinterher. So interpretieren wir zumindest Körpersprache und Gesichtsausdruck. Strenger Blick und gerunzelte Stirn der Mutter, aufmerksames Zuhören und Nicken des Jugendlichen. Das unruhige Treten von einem Bein aufs andere verrät dabei seine Ungeduld. Endlich biegt Salvo um die Ecke. Als wir einsteigen, schlägt uns seine Alkoholfahne entgegen. „You don´t need belts, our police is sleeping", meint er wieder.

Weitere Bücher der Autorin:

Wie Gott in Polen

Die ersten 180 Tage eines Ausstiegs auf Zeit

Sympathisch offen erzählt Patricia Bastian-Geib von ihrem Aufbruch und warum das erste Ziel gerade Polen sein sollte. Beweggründe, Erfahrungen und Empfindungen. Dabei verschweigt sie auch Ängste, Zweifel und Niederlagen nicht.

Sehr persönlich porträtiert die sensible Beobachterin das Land, nimmt den Leser mit auf ihre Reise voller Glücksmomente, Betroffenheit und Staunen. Polen hat viele Gesichter: Grandiose Landschaften und faszinierende Kulturdenkmäler, Burgen, Schlösser und pittoreske Altstädte, weiße Strände und alpines Hochgebirge, weite Felder und romantische Seen, Armut und Big Business, Tradition und Moderne, tiefe Religiosität und gastfreundliche, offene Menschen.

Ein altes polnisches Sprichwort sagt: Gast im Haus – Gott im Haus. „In diesem Sinne fühlten wir uns wirklich wie Gott in Polen", meint die Autorin

Kaltes Land unter heißer Sonne, Teil 1

Unterhaltsam und persönlich porträtiert die Autorin das Land, teilt ihre Eindrücke und Gedanken mit dem Leser, nimmt ihn mit auf die Reise. Ob im quirligen Souk einer malerischen Medina oder in einer bezaubernden Oase, ob in der Stille der Wüste oder in einer lebhaften Küstenstadt, der Leser ist mittendrin und bekommt das Gefühl, dabei zu sein.

Marokko – Scharnier zwischen Europa und Afrika, zwischen Orient und Okzident. Ein Land voller Gegensätze, für das man sich vielleicht etwas mehr Zeit nehmen muss. Dann kann schon die erste Reise der „Beginn einer wunderbaren Freundschaft" werden.

Kaltes Land unter heißer Sonne, Teil 2

Schon im Teil 1 der Reiseerzählung ahnt man, dass die Autorin und ihr Ehemmann zurückkehren werden in dieses faszinierende Land. Diesmal nimmt Patricia Bastian-Geib den Leser mit in eindrucksvolle Schluchten und in die touristisch noch weitgehend unberührte Meseta im Osten Marokkos. Einfühlsam beschreibt sie großartige Landschaften und Begegnungen. Dabei verschweigt sie auch Zweifel und innere Grenzen nicht.